良渚：拯救五千年水城

潘亮 著

人物介绍

肖小笑
称号： 时空少年
年龄： 10岁
特点： 热爱探险，是一名时空穿越者，能够通过梦境进入华夏秘境，也会使用双指画圈的绝技前往不同的时空。

范弥胡
称号： 科技男孩
年龄： 10岁
特点： 热爱科技，尤其是智能技术，能利用智能眼镜和平板电脑完成各种任务。

田田
称号： 文艺女孩
年龄： 10岁
特点： 有着过目不忘的本领，相信中国神话故事里的美好传说是真的，对文学、艺术、历史等领域非常着迷，经常与范弥胡拌嘴。

三足乌
来自华夏星球的鸟王,它的时空口袋里藏着许多外星的高科技装备。"本陛下"这个词是三足乌发明的,自尊心极强的它,常常用"本陛下"来称呼自己。虽然它有时会丢下队友逃跑,但它一旦发威变成金乌,就会拥有无穷的力量。

时空蚩尤
华夏秘境的入侵者和破坏者,来自九黎星球。全身黑不溜秋,个头很小,平时藏在食铁兽的身上。要是变身成巨人蚩尤,那可就够你受的啦!

食铁兽
时空蚩尤的坐骑兼爱宠,是一只可爱的大熊猫。它特别贪吃,总是吃个不停。

良渚王子
良渚古城的王子,是一个正直、能干的小伙子,他和父辈一起开创了先进的良渚文明。

火龙尊驾
三足乌的战友,同样来自华夏星球,也同样自负傲慢。在传说中,它为太阳女神羲和驾车,载着太阳在天空翱翔。

水魔共工
三足乌和时空蚩尤共同的敌人,是一个人面蛇身的妖魔,他掀起暴雨、大水,妄图淹没良渚古城。

嚯,你也要加入秘境探险队?这太好了!

我是肖小笑,在我们的探险旅程开始之前,作为队长,我有必要跟你先聊聊什么是华夏秘境!

在咱们广阔的中华大地上,出现过许多灿烂而神秘的文明——奇异独特的三星堆、举世瞩目的秦始皇陵、光怪陆离的敦煌莫高窟、辉煌一时的楼兰古国……它们随着历史的变迁,许多都被湮没在历史的长河中,留下了太多太多的谜团,等着我们去解开。

我相信,这些神秘的文明并没有完全消失,它们以"华夏秘境"的形式,被保存在宇宙的某个维度里,与我们生活的世界平行存在。在华夏秘境里,古老的文明延续了下来,散发着独特而神奇的魅力。

这场奇异的秘境旅程会持续十二个时辰,也就是

二十四小时。你不光会经历曲折刺激的探险,还有一项特别的任务等着你——担任小小考古学家,对我们找到的宝贝文物进行研究,探寻它们的秘密。

这场旅程也注定充满艰险。时空蚩尤这个秘境破坏者随时都会带来新的危机,你需要具备丰富的历史人文知识、自然科学素养及野外生存能力,才能突破重重考验。别担心,有了三足乌的帮助,一切困难都会迎刃而解。当然,也有可能会变得更糟。

脑中是知识,心中是使命。摸摸你的胸口,那里的勇气是否已经充足?现在,你是不是无比激动?那就跟我们一起开始秘境探险之旅吧!

目录

秘境酉时（17:00-19:00） /1
东方水城的危机

秘境戌时（19:00-21:00） /13
梅雨行动

秘境亥时（21:00-23:00） /25
水上乐园惊魂夜

秘境子时（23:00-1:00） /37
湖岛漂流记

秘境丑时（1:00-3:00） /51
时空蚩尤的圈套

秘境寅时（3:00-5:00） /63
地下玉矿探秘

秘境卯时（5:00–7:00）
封印的火龙　　/ 75

秘境辰时（7:00–9:00）
竹林间的良渚村落　　/ 89

秘境巳时（9:00–11:00）
水稻田寻宝记　　/ 101

秘境午时（11:00–13:00）
水魔共工　　/ 113

秘境未时（13:00–15:00）
暴雨大遮山　　/ 127

秘境申时（15:00–17:00）
海侵良渚城　　/ 141

东方水城的危机

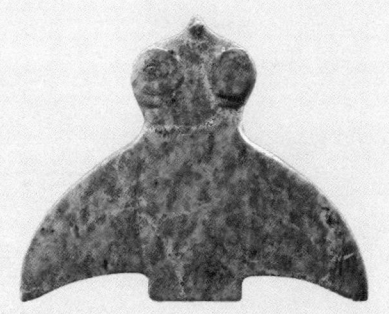

"是谁在发光发热，照亮了我们的国土？"

"三足金乌！"

"是谁驱散乌云暴雨，为我们带来了祥和？"

"三足金乌！"

在一座四四方方的古老城池上空，正回荡着儿童的嬉戏声。

艳阳高照，碧空如洗，真是一个难得的好天气！可惜美好的一天又要过去了，就在傍晚将近的时候，一艘独木舟驶进了古城。

独木舟上载着一个衣不蔽体的荒蛮人，他从上游顺流而下，一路坎坷，沿着宛如迷宫的复杂水系一路寻找，终于来到了目的地。

"这就是良渚古城！"荒蛮人感慨着。

独木舟从建在河道上的水门驶入高耸的城墙内，四周还有很多独木舟或木筏，它们有的在运送稻米，有的在运送石头，有的在运送木料，有的在运送茅草。

"喂，你的船上怎么什么都没有？"岸上，一名穿戴像士兵的人吆喝着。

士兵用警惕的目光打量着荒蛮人——城中的其他人都身穿粗陋的麻布衣，而这个人却穿着用兽皮和草做成的衣服，一看就是从偏远地区而来。

"我要见国王！"荒蛮人大喊着，"我从……上游……来，我有……紧急情报！"

很快，五六艘独木舟轻快地驶来，舟上都载着士兵，他们有的手持用木棍和石头做成的长矛，有的握着用竹片和动物筋丝做成的弓箭。

"跟我们走！"领头的士兵吆喝着。

荒蛮人只得老老实实地跟着他们。独木舟沿着曲里拐弯的河道，向古城中央进发。

这真是一座水城！河道纵横交错，如果没有人带路，非常容易迷路。这是荒蛮人第一次来到良渚古城，尽管眼下情势危急，他还是好奇地打量着周围的一切。

良渚古城坐落在东方，一座水的王国，它犹如一颗滨海的明珠，静静地守望着东海的潮起潮落。发达的水系在这里交汇，河流犹如大地的血脉，贯穿每一寸土壤，滋养着这片古老的文明之地。平静的水面映照着西坠的太阳，仿佛在诉说古老的神话。

这是距今五千年前的一个普通日子。在城中生活的每个人都不会意识到，他们在长江下游开启了一个伟大国度的壮阔文明史。

这里，是中华文明的起点之一。

在荒蛮人的眼中，河道两旁分布着许多手工作坊，有

磨制石器的，有制作陶器的，有雕琢玉器的。在那些石器、陶器、玉器上，一只只造型各异的鸟的图案在工匠的手中被刻画得活灵活现。

工匠们一边工作，一边口中念叨着。

"三足金乌，请你保佑良渚王国繁荣昌盛！"

"三足金乌，请你保佑良渚国王健康长寿！"

"三足金乌，请你保佑良渚百姓丰衣足食！"

……

每当看到鸟的图案，士兵们都会顿首垂目，以示尊敬。

鸟，是太阳的化身。

鸟，是良渚的图腾。

河道尽头，一座巍峨高耸的宫殿坐落在前方。在宫殿门前，一个十二三岁的少年正在等候荒蛮人，他头上插着许多鲜艳的羽毛，身着用珍贵丝绸做成的衣服，看上去华丽光彩。他走起路来，木屐在脚下踢踏作响，一枚宛如白脂的玉佩挂在腰间，造型恰似一只展翅飞翔的鸟儿，格外惹眼。

"我是良渚王子，你有什么重要情报，就对我讲吧！"少年说道。

"上游……上游……"荒蛮人喘着粗气，他已经精疲力竭，语不成声。

良渚王子打量着荒蛮人的外貌,在这么个大晴天,他浑身上下却湿漉漉的。登时,王子明白了过来。

"上游下暴雨了?"良渚王子问道。

"大暴雨!"荒蛮人终于说出了一句完整的话,语气就像积闷在胸口的一团恶气终于被喷出来似的,他用近乎咆哮的声音大喊着,"大水淹没了我们的村落,只有我逃了出来!暴雨一直跟在我身后,大水也一直跟在我的身后,很快就会到这里,给良渚古城带来灾难!"

听了这番话,周围的人却哈哈大笑起来,仿佛在听一个笑话。

良渚王子也毫不慌张,他淡淡地笑了笑,手指着古城里的河道说:"不会的,千百年来,我们在城内城外挖掘了复杂的泄洪河道,又在上游的山上建筑起了一道又一道的防洪水坝。这些,都是良渚国王率领勤劳的人民一起建造的,坚固可靠。没有任何洪水能淹没良渚古城——良渚古城有三足金乌的庇佑,永远不会被洪水吞没。"

"三足金乌,它……"荒蛮人的语气更加悲凉了,他压低声音,上前对良渚王子说了一句只有他俩能听得见的话。

良渚王子的脸色立刻变了,他吩咐士兵安置好荒蛮人,转身走回了宫殿。

说是宫殿，却没有红墙金瓦、亭台楼阁，只有一座又一座用木头、石头和土坯建起的屋舍，屋顶覆盖着厚厚的茅草。在新石器时代，这样的房子已经极尽豪华了。整个宫殿建在一座长方形的人工土台上，位于良渚古城的最高处。

良渚王子走过一座座屋舍，来到一片用沙土铺成的圆形广场上。如果从高空看，这片广场的形状恰似一轮发光的太阳。这里是良渚国王的祭坛，每一个阳光普照的日子，国王都会在此祭祀，感恩太阳的光辉。

此刻，良渚国王将一块玉器摆放在祭坛中央。那块玉器是方形的，上面雕刻着精美的花纹，一只只鸟儿的图案活灵活现。在玉器顶部的中央，还有一个圆形的孔洞。这种外方内圆的玉器名叫玉琮，跟方形城池与圆形祭坛的结构恰好吻合。

"三足金乌，你就是天上的太阳——感谢你将光与热赐给良渚！"国王用崇敬无比的语气说道，"请你一直保佑良渚，赐予我们力量，驱散暴雨与大水！"

王子快步向前，将他刚刚获得的情报禀告国王。

良渚国王表情愕然。

"什么，三足金乌失踪了？"

不知从何时起，北边的天空堆积起了乌云。随着一道

锐利的闪电撕破天际,雷声轰然而至。

良渚国王吃力地直起腰,在雷电中巍然站立。

"传下去,全城警戒,准备防范大暴雨!"

"是!"

士兵们转身离去,将国王的命令传达到古城的每一个角落。大暴雨的消息并没有给这座古城带来一丝一毫的慌乱,居民们娴熟地收拾家当,加固建筑。在这雨水充沛的地区,他们对暴雨早就习以为常。

八艘独木舟从良渚古城四周的八座水门里轻快地划出,它们要向负责城外水利设施的人传达国王的命令。

一道道水坝壁垒森严。

一座座水库整装待命。

一门门水闸秣马厉兵。

一条条洪道严阵以待。

乌云盘踞在大半个天空,太阳在两边摇摇欲坠。乌云在夕阳的浸染下发着黑红色的光,在天空中快速滚动,仿佛一只巨大的怪兽。

国王对良渚王子说:"孩子,有一个重要的使命我必须交给你,也只能交给你。"

"父王请吩咐!"良渚王子说。

国王伸出手来,为王子整理衣饰。他拍打着原本就一尘不染的衣服，又调整起原本就戴得端正无比的玉佩。最终，国王将颤抖的手指伸向王子的腰间，抚摸着挂在那里的玉鸟。

"你要想办法，找回三足金乌！"国王用发颤的声音对王子交代了一些事项，随后又叮咛道，"只有三足金乌，才能拯救良渚；只有三足金乌，才能将我们的文明延续下去！"

良渚王子眼中露出了为难的神色："可是，三足金乌已经不在了，孩儿又该求助于谁呢？"

"我们良渚的图腾，不光有三足金乌，还有一位伟大的英雄，你去向他求助！"说着，良渚国王伸出手，将祭坛上的玉琮转了个方向。天空划过一道闪电，一个怪异的图案显露出来。

良渚王子微微一怔。

"孩儿明白了，孩儿遵命！"

良渚国王转过身来，面朝西方。火红的太阳已经完全坠落，消失在西方青黑色的群山之中。

四四方方的良渚古城，有八座水门，却只有一座陆门。它面朝正南方，大多数时间里都紧闭不开。就在太阳落入西山的时候，陆门缓缓打开了，良渚王子骑着一头长着美丽大角的梅花鹿，从陆门奔了出来。他手举火把，围着古

城的城墙绕了半圈，然后一路疾行，在夜色中朝着北方奔去。

良渚没有马匹，也没有车轮。此时的良渚人已经驯化了猪和狗，野性十足的鹿，是良渚人的狩猎对象。这头鹿是良渚王子在一次狩猎时意外救下的，它对良渚王子充满了感激，最终甘愿成为他的坐骑。

在五千米外，一座四四方方的夯土高台耸立在群山的怀抱中，等待良渚王子的到来。

这座夯土高台名叫瑶山祭坛，既是良渚人祭祀神灵的地方，又是一座天象观测台，用来记录每天日出和日落的方位变化。正是长期对天象的观测，中国古人逐渐用春分、夏至、秋分和冬至作为一年四季的分界点，并逐渐形成了二十四节气的观念，这对农业生产有着重要的指导作用。

良渚王子来到瑶山祭坛，气喘吁吁地登上坛顶。他从腰间解下玉鸟，毕恭毕敬地摆放在祭坛上，虔诚地祈求。

"神明呀，请你保佑三足金乌！"

在祈求声中，玉鸟化成了一团碎光，晶莹闪烁着飞向天际。它们突破乌云，飞向璀璨的星空。

此刻，在一颗偏僻的星球上，一个家伙忽然睁开眼睛，说："唔，三足金乌！"

小小考古学家

文物名称： 玉鸟

出 土 地： 良渚反山遗址

文物介绍： 玉鸟呈黄褐色。鸟形如燕子，鸟眼重圈，尖嘴短尾，作振翅奋飞状。背后钻有一对横向的隧孔。

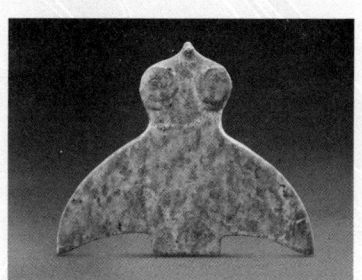

专家的考古猜想： 良渚人有着鸟崇拜，认为鸟是神灵的载体。玉鸟的主人是良渚首领或巫师，他将玉鸟缝缀在自己的衣袍上，是为了把自己装扮成神的样子。

肖小笑的考古猜想： 玉鸟的眼睛也太大了，都快成蜻蜓眼了！我认为，这双大眼睛象征着太阳，良渚人可能认为太阳的升落依靠鸟儿的飞翔。

我的考古猜想：_____

秘境戌时 (19:00-21:00)

梅雨行动

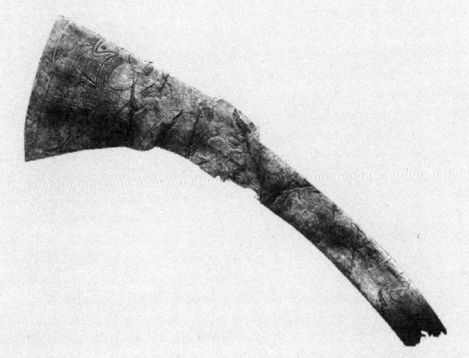

这可真是一个惆怅的梅雨季!

每年的六月上旬到七月中旬,江淮流域都会出现连绵的阴雨天气,难见阳光。由于这一时期恰逢江南梅子成熟,因而被称为"梅雨"。

然而,今年的梅雨季也太漫长了!连绵的阴雨下了两个月,依然不见停歇。仿佛整个世界都被一张巨大的水幕包裹,高楼、街道、树木……城市里的一切都在雨中静默着。鸟儿躲在树叶茂密的枝丫下,蜷缩着湿漉漉的身体,它们的羽毛紧贴着皮肤,小眼睛里透露出无助。

"肖小笑、田田,这大黑天的,又这么大的雨,我们真的要去水上乐园?"

范弥胡像猫一样抖动着身上的水,郁闷地冲两个同伴发问。尽管撑着一柄硕大的雨伞,他依然被雨水打得浑身湿漉漉的。

肖小笑和田田都穿着防水冲锋衣,用连衣帽包住脑袋,可依然没好到哪里去。无孔不入的水汽就像糨糊一样,把他们的皮肤和衣服紧紧粘在一起。对于范弥胡的抱怨,肖小笑仿佛没听见似的。田田不客气地说:"范弥胡,你要是不想来,可以回家,没人逼着你!"

"我也就是随口问问嘛,没说不想来!"范弥胡嘟囔着。

"那你还瞎啰唆！"

"怎么，我都淋成了落汤乌鸦，难道还不许抱怨两声？"

听到范弥胡提"乌鸦"两个字，田田的眼睛里几乎要冒出火来。她急得一跺脚，激起地上一片水花。

"范弥胡，早就告诉过你不能随便提'乌鸦'两个字，你怎么又忘了！"

范弥胡赶紧"呸呸呸"了几声，又把嘴巴捂住。然而，"乌鸦"两个字眼已经钻进了肖小笑的耳朵，像根锋利的银针在他心头刺了一下。

"三足乌陛下……"肖小笑昂起头来，脸上湿湿的，分不清是雨水还是泪水。

三足乌是肖小笑、范弥胡和田田的老朋友，那是一只长着三条腿的乌鸦，它自称是仙女星系华夏星球的鸟王，有着无边的法力，在很多传说里都被视为守护神。三个少年与它一起组成了"秘境探险队"，与时空蚩尤对抗，守护了许多古老文明的遗迹——华夏秘境。

然而，不久前，三足乌为了拯救敦煌秘境而英勇献身，化成了一团乌影，从此消失了。肖小笑、范弥胡和田田都特别思念三足乌，于是，当范弥胡提到"乌鸦"两个字时，原本就失落的他们更加惆怅起来。

"自从三足乌陛下消失以后,这场雨就没停过。"肖小笑喃喃道。

"难道它真是传说中太阳的化身?它一走,太阳也不见了。"田田鼻子一酸。

"我也好想三足乌陛下……"范弥胡刚要哇哇地痛哭时,他们发现水上乐园就在眼前了。三个少年抹掉眼泪,相互对视了一眼,随后又一起点了点头。

他们来到水上乐园,并不是为了玩,而是为了追踪一个线索。昨天晚上,肖小笑做了一个奇怪的梦:他来到一片虚无的宇宙空间中,四周环绕着漆黑的云气。就在一片混沌之中,回荡着三足乌"呜嘎嘎,救救我……"的声音。

肖小笑是一个时空漫游者,他常常能通过梦境穿越到不同的时空。这个梦让肖小笑疑惑不解:难道这真是三足乌在向他求救?难道它并没有死,而是被困在了宇宙中的某个地方?白天上学时,肖小笑把这个梦告诉两个同伴之后,他更加确信自己的猜想了。

"这一定是三足乌陛下托梦给你。"范弥胡摇晃着大脑袋,一本正经地说。

"呸呸呸,你那是封建迷信!"田田嗤之以鼻。

范弥胡和田田经常意见相左,争吵不休。像刚才这样的拌嘴,肖小笑已经见怪不怪、习以为常了。

不管怎么说，肖小笑的梦让他们看到了希望：或许，真的有机会能把三足乌救回来！

田田是个"文艺女孩"，她根据"乌影"两个字分析起来："你们想，三足乌陛下只是化为了'乌影'，可能并没有真正死去。这么说来，我们依然有机会把它救回来。"

范弥胡是个"科学男孩"，懂得好多物理知识，他摇晃着大脑袋说了一段别人都听不懂的话："所谓'乌影'，可能是物理学中的量子态。如果我们能采取手段触发量子塌缩，就能救回三足乌陛下！"

肖小笑对宇宙时空非常感兴趣，他也分析说："我在梦中见到的那团漆黑的云气，在宇宙中其实非常普遍。它们汇聚在一起，经过漫长的塌缩、演化，就会诞生一颗新生恒星——我们的三足乌陛下，不正是太阳的化身吗？如果说星云塌缩会形成恒星，那么乌影塌缩，也会让三足乌陛下获得重生！"

不管怎么说，这条线索让三个少年都看到了希望。肖小笑又仔细回忆着梦中的细节，最终找到了一个关键地点——水上乐园。

"晚上我们一起去水上乐园看看！"肖小笑做了决定。

他们把这次行动命名为"梅雨行动"。

冒着大雨，三个少年抵达了目的地。站在水上乐园的门口，肖小笑、范弥胡和田田却都傻了眼。水上乐园的大门紧闭，一名工作人员冲他们喊道："雨太大了，水上乐园暂停开放！"

范弥胡正要快快地往回走，肖小笑却竖起耳朵，似乎听见了什么声响。他朝一旁跑去，沿着水上乐园的围栏，越跑越快。

"肖小笑，怎么了？"范弥胡和田田在他身后一边追一边喊。

肖小笑终于停下了脚步，透过围栏向里张望。范弥胡和田田跟了上来，他们朝里一看，不禁惊得浑身一抖。

这场雨实在太大了，水上乐园里已经"水漫金山"，成了一片汪洋，分不清哪里是"戏水池"，哪里是"漂流河"，哪里是游乐设施。唯一能分辨出的是高大的水上滑道，它由一座高高的金属架台支撑，屹立在大水中，滑道的下端已经被水淹没。

仔细看去，滑道顶端竟然有两个孩子！看起来，他们是偷偷翻过围墙，溜到水上乐园里玩的，结果被大水困住了。他们想爬上高架台躲避，可就在快爬到顶端的时候没了力气，只能拼命抱住横梁，大喊着救命，声音却被雨幕吞没了。要不是肖小笑细心，谁也不知道他们正面临着巨大危险。

形势紧急，人命关天，肖小笑咬了咬牙，伸出右臂，在空中画起了一道圆圈。

"时空圈！"范弥胡和田田一起惊呼。

肖小笑有一样绝活，作为时空漫游者，只要用手在空中画出一个圆圈，就能建立起时空隧道，通向他想去的地方。他计划用这种方式进入水上乐园滑道的高架，救下那两名被困的孩子。然而，这样本领说起来容易做起来难，用手画出的圆圈必须十分标准，不能出现丝毫偏差。肖小笑试了几次都没能成功，他的胳膊和手腕又酸又痛。

"救命呀！"两个孩子绝望地大喊，其中一个孩子已经体力不支，两条腿从横梁上坠了下来，只用两只手紧紧地扒住横梁。

"肖小笑，加油！"田田为肖小笑鼓劲儿。

肖小笑咬紧牙关，继续抡起手臂。随着一个标准的圆圈画出，空气中出现了一道彩光闪烁的光轮，时空圈终于出现了！

"快，咱们一起进去！"肖小笑大喊着，和范弥胡、田田一起钻进了时空圈。

在水上滑道顶端，一道光圈凭空出现，三个少年来到了高架台上。他们二话不说，通力合作，先从高架台上探出身体，把一个孩子稳稳扶住，将他从横梁上救到高架台。

肖小笑又探身去救另外一个孩子。

"救救我!"那个孩子发出绝望的叫喊,他的左手已经松开,只用右手吊挂着横梁。

这时候,肖小笑看见一艘失控的游乐船从远处的水面上漂了过来。他立即有了一个大胆的计划。

"把手抓紧!"肖小笑对那个孩子大喊道。

他算准时机,从架台上跳了下去,沿着滑水道一路向下。肖小笑玩过很多次滑水,却从未有这一次的惊心动魄。就在他滑到水面的时候,那艘游乐船也恰好漂了过来。肖小笑紧紧抓住游乐船的护栏,翻身上船。

在高架台上,范弥胡看到这惊险一幕,紧张得一屁股坐在了地上。

随后,肖小笑把住船舵,控制游乐船漂向金属高架,来到那个被困孩子的正下方。就在这时,那个孩子右手一松,从架台上掉了下来,恰好落在游乐船里。

"你们从楼梯下来,我到出口等着你们!"肖小笑一边驾船一边冲高架台上喊。

这是一艘配备了电动马达的游乐船,肖小笑试了试动力,发现能启动。在积水中,游乐船划出一道水花,顺利地接到了范弥胡、田田和另一个孩子,然后肖小笑掉转船头,朝着岸边驶去。

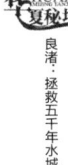

这时,水上乐园的两名保安发现了他们,赶紧来到岸边接应。肖小笑停稳游乐船,范弥胡和田田将两个孩子安全扶下船后,正要也跟着上岸,却听见身后传来一阵轰鸣声。扭头一看,一排巨浪正席卷而来。

"人工造浪系统启动了!"保安大喊,"快上岸!"

水上乐园里有一个特别受欢迎的项目——人工造浪,它能在水池中掀起巨大的波浪,让游客感受冲浪的乐趣。今天水上乐园虽然关闭了,可许多游乐设施没有来得及停止运行。人工造浪系统在已成汪洋的水上乐园里掀起了巨浪,宛如游龙入海,形成了巨大的洪流。

三个少年想要登岸,却已经来不及了,巨大的浪花席卷而至。顿时,游乐船被冲了出去,随着大水漂荡远去,消失在茫茫黑夜之中。

小小考古学家

文物名称： 象牙权杖

出 土 地： 福泉山遗址

文物介绍： 权杖主体上大下小，顶端平直，器物表面有精美繁缛的纹饰，以转折处为中轴线。

专家的考古猜想： 象牙权杖的发现表明，良渚文化除了玉器之外，还存在其他材质的重要礼器。这在中国新石器时代考古中，具有非常重要的意义。

肖小笑的考古猜想： 在五千年前的良渚时期，良渚人并不寂寞，有麋鹿、梅花鹿、猪、圣水牛、狗等动物相伴。而良渚人把象牙做成权杖，一定是想获得如野象一样能够威慑其他动物的力量。

我的考古猜想： _____
_____

水上乐园惊魂夜

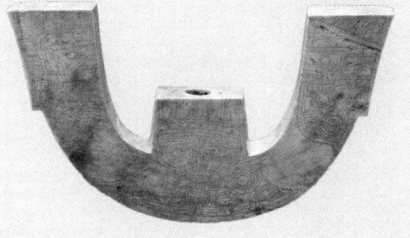

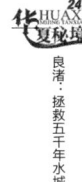

巨浪在水上乐园肆虐，游乐船一会儿驶入一团漩涡，一会儿冲下一个陡坡。肖小笑完全控制不了游乐船，只能勉力把住船舵，控制方向，避开水中凸起的岩石，防止游乐船被撞坏。

"当心，前面有个水洞！"田田注视着游乐船的行进方向，她惊叫道。

肖小笑的心一下子跳了起来，他记得，这个水洞名叫"激流探险"，是水上乐园里最刺激的游乐项目。水洞里弯绕曲折，宛如迷宫，又布满许多关卡，号称"水上过山车"。平时同学们相互比试勇气，就常常挑战"激流探险"。

"必须让游乐船在冲进水洞前停下来！"

肖小笑注意到水洞口附近还漂着一条橡皮船，似乎被什么东西缠住了。他有了主意，打算控制游乐船撞向橡皮船，从而减速停下来。

肖小笑把控着游乐船的船舵，一点点朝着橡皮船歪去。

然而就在这个时候，一群鸟儿竟然飞了过来，向三个少年的头顶发动攻击。有的鸟儿口中还衔着石块，像轰炸机一样从空中俯冲而下，投掷"炸弹"。

哪——范弥胡的脑门上挨了一记石块，疼得他眼泪都出来了。

吱——田田的防水帽被一只鸟儿啄开了，雨水打湿了她的头发。

更多的鸟儿围攻起肖小笑，在他眼前胡乱飞舞，干扰他的视线。

"从哪儿来的破鸟？我看不清航线了！"肖小笑急得大叫。

在鸟群的干扰下，游乐船与橡皮船擦边而过，最终还是被冲进了水洞。

鸟群在水洞口叽叽喳喳地叫着，仿佛在庆祝胜利。

"伙计们，系好安全带！"肖小笑大喊道，"我们遇到大麻烦了！"

果然，游乐船刚一进入水洞，就沿着一个水坡陡然向下冲去，然后又是连续三个急转弯，肖小笑、范弥胡和田田被颠得七荤八素，他们感到船头一会儿向前，一会儿向后，一会儿左拐，一会儿右拐。这里的游乐设施也没有关闭，水洞里弥漫着阴森森的灯光和瘆人的音效。

"太过分了，退票！"范弥胡大喊道。

"我们哪里买票了？"田田提醒他。

说来也怪，自从进入了水洞，刚才那群鸟儿就全都消失了，仿佛它们是故意让肖小笑他们进入这个水洞似的。

游乐船驶过几段激流，终于来到了一片相对舒缓的区域。这是一个溶洞，肖小笑他们的头顶倒悬着许多钟乳石，

两侧不断有怪兽模型探出头来,发出吼叫声,吓唬过往的游客,田田被那些怪兽吓得不敢睁开眼睛。肖小笑却不怕这些假怪兽,为了安抚田田,他学着怪兽的样子吼了回去,范弥胡也抓起一块石头要砸怪兽。

"等等,别砸!"肖小笑眼尖,他看见范弥胡手中的那块石头有些奇特,便叫住了他。

"怎么了?"范弥胡的手停住了。

"你手中的那块石头,哪儿来的?"肖小笑问道。

范弥胡刚才随手从船里摸起了一块石头,没有仔细看。肖小笑一提醒,他摊开手心,把那块石头亮出来。三个少年定睛一瞧,顿时眼前一亮。

那是一块黄色的石头,仿佛一块金黄的奶酪,纯净而细腻,在周围的灯光下闪耀着神秘的光泽。

"这是什么?塑料疙瘩?"范弥胡问道。

田田拿起那块石头,在手中抚摸了一番,只觉得温润如脂。

"是玉。"田田说。

"乖乖!"范弥胡惊叫起来。

就连范弥胡这样的"文化盲"也知道,玉是中国人特别珍视的一种宝石。从遥远的原始社会开始,人们就把玉雕刻成各种造型,以此寄托精神情感。有些人认为玉是身

份、地位的象征，有些人相信玉能带来好运气，有些人把玉比作高尚的品德。在"将相和"的故事里，和氏璧是一块价值连城的宝玉，后来被雕琢成传国玉玺，更成了无价之宝。

范弥胡的妈妈就喜欢各种美玉，还经常用古人的话来教导他，什么"君子无故，玉不去身""君子比德于玉""言念君子，温其如玉"……范弥胡始终想不明白，玉的本质就是一块石头，为什么会跟品德挂上钩呢？

回想起来，这块玉是刚才一只鸟儿在"轰炸"时，砸在他脑袋上的。

"一群鸟儿怎么会有这么贵重的玉石呢？"肖小笑觉得不可思议，"不会是塑料吧？"

田田对文物别有研究，她端详了一会儿，肯定地说："是真玉，而且，这是一块古玉，可能有几千年的历史了。"

肖小笑觉得这块玉的造型有点儿眼熟，他回想起来了："哎呀，你们还记得吗？我们在梦中见到的那片星云，也是这样的形状！"

玉石的形状是一只展翅飞翔的鸟儿，这是一枚玉鸟。

肖小笑的心里仿佛有一阵密集的鼓点：他们正是沿着梦中的线索来到了水上乐园，又在这里找到了一枚玉鸟。难道说它和三足鸟有关？

玉鸟上密布着许多复杂的纹样，看起来非常细致，在溶洞内昏暗的光线下看不清楚。田田刚想要仔细研究一番，游乐船已经来到了溶洞的尽头，新的险情又出现了。

前方是一道又陡又深的水坡，宛如一道倾斜的瀑布。大水正从水坡上冲下去，发出巨大的冲击声。这是"激流探险"中最刺激的一段：游乐船会从水坡上俯冲下去，落到下方的水潭里。

"坐稳了，抓紧！"肖小笑大喊道。

三个少年精神绷紧，准备迎接即将到来的挑战。

游乐船已经来到了水坡的尽头，向下望去是白花花的水汽，就像一团云雾弥漫在水潭上。游乐船冲下水坡，肖小笑、范弥胡和田田只觉得身体一沉，跟着游乐船向下冲去，他们一起发出尖叫。

"啊——"

平时，"激流探险"的游船都是橡皮船，可以在复杂的水道中反复弹跳，保护游客的安全。可他们乘坐的游乐船却是一只金属船，不耐弹跳。水坡上有一些缓冲点，坡度微微平缓一些。每驶到这些地方，船身就会随着惯性一跃而起，稍稍离开水面，就像飞起来了一样。随着速度越来越快，船身也飞得越来越高。

水汽上能看到的最后一个缓冲点到了，肖小笑、范弥胡和田田做好了再次飞跃的准备。船身在巨大的冲劲下腾空而起，扎进了茫茫的水汽中，巨大的水汽弥漫在眼前，阻碍了他们的视野。

真是奇怪，这次飞跃之后，游乐船迟迟没有落下来，它就好像飞在天上一样，在水汽里"腾云驾雾"。

"我们飞起来了？"范弥胡一直没等到船身落水的冲击感，他奇怪地问。

"飞得越高，摔得越重。"田田从牙缝里挤出一句话。

肖小笑万分惊恐，莫非游乐船正在万丈深渊中下坠，一旦落到水面上，它就会摔得粉碎？

四周却依然水汽弥漫，什么也看不清。

肖小笑很快又否定了这个可怕的猜想，因为游乐船平稳极了，他们脸上只有微微的气流拂过，并不像遇到了险情。

就在三个少年疑惑不解的时候，水汽逐渐散去了，眼前的视野清晰起来。他们发现，游乐船正航行在一片宁静的水面上，夜空中依然下着细雨，不大，也没有风。水中没有大浪，只有由千万条雨线化成的涟漪在荡漾。

"这是什么地方？"田田举目四望，却一点儿也认不出。这里看起来并不是记忆中的水上乐园，看不到什么游乐设施，一点儿人工的痕迹都没有。

夜色黑极了，看不清远方的景象，只觉得水面无边无际。范弥胡问："哎呀，我们该不会被冲进了大海吧？"

"是不是海水，你尝尝味道就行了。"田田说，"海水是咸的，湖水是淡的。"

范弥胡还真的侧身探出游乐船，用手心捧起了一些水送入口中。

"是淡水！"范弥胡大喊道，"太好了，原本我还担心有鲨鱼呢！"

"伙计们，我们可能经历了一次时空穿越，进入了一个时空秘境。"肖小笑说。作为一个时空漫游者，他感受到了时空维度的变化。问题是，这里是什么秘境呢？难道三足乌就在这个秘境中？

看起来，这里并不是大海，而是一片湖。这片湖也太大了，难道说这里是中国最大的湖泊——青海湖？肖小笑很快又否定了这个想法，青海湖是一片咸水湖，它的湖水带着微微的咸味。这是因为青海湖只有流入，没有流出，经过长期的盐分积累，湖水逐渐变咸了。

那这又是什么湖呢？除了西部的青海湖，中国东部还有五大淡水湖，分别是鄱阳湖、洞庭湖、太湖、洪泽湖和巢湖，它们都位于长江流域。肖小笑猜想这里应该是其中之一。

"咳，管它什么湖，我们还是赶紧靠岸吧！"范弥胡说，"三足乌陛下是乌鸦，不是水鸭，它不会在湖面上待着！"

肖小笑觉得范弥胡说的话有道理，他四下观察了一番，发现远方笼罩着一团漆黑的影子，似乎是山。肖小笑试着重新启动游乐船，还好，发动机运转正常。游乐船在湖水中划过一道弧线，朝着黑影驶去。

黑影的距离越来越近，三个少年的眼中都闪烁起希望的光。慢慢地，他们看清了黑影是什么。

那是一座岛，又是一座山。它从湖中挺立而起，岛上山岩巍峨，树木繁茂。微风徐来，空中飘荡一串古怪的声音。

"呜——嘎——嘎——呜——嘎——嘎——"

"这是三足乌陛下的声音！"肖小笑惊喜极了，范弥胡和田田也都激动万分。

发动机的马达被推到了最大，游乐船朝着那个方向全速前进。

小小考古学家

文物名称：玉三叉形器

出 土 地：良渚瑶山遗址

文物介绍：白玉质，有黄色斑纹，上端呈三叉状，下端为圆弧状，中叉高度较低，有竖向孔，发掘时上方并有一件玉管。左右两叉刻有一组一分为二的神人头像，中叉上侧刻有五组直向羽状纹，下端刻有兽面图案。

　　专家的考古猜想：这是一件穿插组装的贵族冠饰。玉管和中叉连接在一起，又缀以变体的神人兽面纹，以插在冠帽上作装饰，玉三叉形器的主人可能是贵族或者王室成员。

　　肖小笑的考古猜想：这是"三叉戟"的造型呀！很多人都以为三叉戟出自希腊神话，是传说中海王波塞冬的武器。可我们中国早在五千年前就有三叉形器了，比希腊神话还早！

　　我的考古猜想：_____
_____

秘境亥时　水上乐园惊魂夜

湖岛漂流记

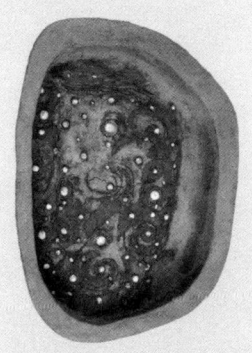

虽然岛看起来并不远,可船开了十来分钟,依然没有抵达。范弥胡嘀咕起来:"哎呀,这岛该不会是海市蜃楼吧?要不,怎么会开了老半天还是那么远!"

"大黑天的,哪里来的海市蜃楼!"肖小笑解释起来,"在广阔的湖面上,缺乏其他景物作参照,实际距离会比我们以为的要远。另外,我们这艘游乐船不是快艇,速度慢着呢!"

游乐船的发动机里传出"突突突"的声响,就像是一台拖拉机。先前经历过那么一大串险情,发动机的声音听起来有些不正常,似乎要罢工。

"但愿我们能快点儿登岸!"田田愁眉苦脸地望着天空,乌云在夜空密布,似乎一场大雨就要来临。果不其然,一道明亮锐利的闪电划破夜空,雷声轰然而至。

"要下大雨了!"肖小笑喊道。他和田田都把冲锋衣的拉链拉好,把防雨帽戴好。范弥胡正想举起他的雨伞,却发现雨伞只剩下了一根棍儿。一定是在"激流勇进"中历险的时候,被破坏成了这个样子的。范弥胡赶紧扔掉伞柄,双手抱头,蜷缩在座位上。

闪电越来越密集,一道又一道,照亮了附近的水面。田田的手中握着那枚玉鸟,在光的映照下,它表面的图案展现出了许多细密的纹理,让田田大为惊叹。

"这块玉恐怕有五千年的历史了！"田田说道。

"啥？"范弥胡激动得瞠目结舌。

这时候，密集的雨点从天空中落下，一场瓢泼大雨来临了。肖小笑从没见过这么大的雨，一颗颗雨滴动力十足地落在湖面上，就像一颗颗流星穿越大气层砸下来，激起巨大的浪花。原本平静的湖面就像要沸腾了一样。

游乐船距离岛已经很近了，在闪电的映照下，岛上的山石和树木清晰可见。

"我们加油，到岛上避雨！"肖小笑大喊道。

恰恰就在这时，游乐船的发动机传出异响，逐渐没了声息，游乐船彻底熄火了。肖小笑看到游乐船上有两片桨，就和田田每人一片，努力划起来。范弥胡见状，也操起仅存的伞柄，在水中乱划一气。

终于靠岸了！

三个少年狼狈地从游乐船上跳下来，来到了岛上。

这真是一座怪异的岛！肖小笑、范弥胡和田田原本以为这是一座荒岛，可当他们环顾四周，却发现了许多人工加工过的怪石。在闪电亮光的映照下，它们怪异的造型逐渐显露。

有的是几块石头堆在一起，恰好组成了一只鸟的形状。

有的是一整块山岩，上面刻着鸟的图案。

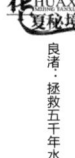

许多树木、岩石上还挂着用羽毛做成的饰品。

看起来,这座山岛跟鸟有着密切的关联。

这些鸟的图案激发了田田的兴趣,她顾不上大雨,像个考古学家一样研究起来。很快,她又发现了许多黑色的陶碗、陶罐,上面也刻画着鸟的图案。在一个石板下,田田发现了一个黑陶罐,伸手一掏,里面竟然装着稻米!

田田的心中有了数,她分析着:"如果我没有猜错,我们恐怕来到了新石器时代。"

"什么新石器时代、旧石器时代的?"范弥胡问。

"新石器时代是人类历史上的一个重要时期,这个时代的原始人已经学会了磨制石器和制作陶器。"田田说着用手指敲了敲手中的陶罐,然后接着说,"中国的新石器时代大约开始于公元前七八千年,从这些石器和陶器的精致程度看,这很可能是新石器时代晚期,也就是五千年前。"

"五千年前!"肖小笑没想到他们来到了这么遥远的古代。史书上说,中国有着五千多年的历史,而他们不就正站在中华文明的开端吗?肖小笑问道:"田田,你能推断出我们身处什么位置吗?"

"五千年前,中国的地形地貌与现在大不相同,但也不难判断。"田田敲了敲她手中装着稻米的陶罐,"新石器时代的人类有了比较发达的农业,开始种植粮食、养猪、

养狗。在新石器时代,水稻主要产自长江下游地区。在这片区域,有这么大的一片湖,如果我没猜错的话,这里是五千年前的太湖。"

田田娓娓道来,她从自己观察到的细节中分析出了这么多,肖小笑和范弥胡几乎都听傻了。

田田继续推断着:"这个时期,太湖以东、以南地区已经形成了早期的国家,有着许多原始人类定居点。我们应该身处良渚文明。"

良渚文明!肖小笑听说过,那是迄今为止东亚地区发现的最早的国家文明!

"这么说来,我们来到的这个秘境,是良渚秘境!"肖小笑望着四周的石器、陶器,上面刻画着那么多活灵活现的鸟儿,看起来,良渚人特别喜爱鸟类,"我们来对地方了,三足乌陛下一定就在这座岛上!"

"咳,我们还是先别管什么三足乌陛下、六耳猪陛下,能不能先找个地方避避雨再说?"范弥胡只穿着一件单衣,又没了雨伞,已经被大雨浇透。

肖小笑觉得范弥胡的话有道理,可是在这荒凉的岛上,除了树木就是岩石,到处又黑漆漆的,到哪里去避雨呢?

这时,范弥胡的表情忽然怪异起来,他瞪大了眼睛,大声说道:"喂喂,你谁呀?找哪位?对,我就是范弥胡……"

看起来，他像是接到了一个电话。可范弥胡的耳朵里并没有戴蓝牙耳机，肖小笑和田田面面相觑，他们并没有听到什么声音。

范弥胡到处走动起来，似乎在寻找信号好点儿的地方："这里信号不太好，让我换个地方……哎，你是不是推销广告的？我什么也不买……对了，你那儿有雨伞能卖给我一把吗？多少钱都行……"

终于，范弥胡找到了信号好的地方，他认真聆听着，然后眼睛里放出亮光来，看上去很兴奋。

"范弥胡，你到底在搞什么鬼？"田田问。在这漆黑的岛上，范弥胡的表现让她感到害怕。

"你们先别管！"范弥胡兴奋地说，他伸手往高处一指，"那里有一座山洞可以避雨！"

"你怎么知道那里有山……"肖小笑还没问完，又一道闪电划破黑夜，在范弥胡手指的方向，一个山洞赫然出现。

三个少年二话不说，一起朝着山洞的方向奔去。

"是三足乌陛下在跟我单线联系！"范弥胡一边攀爬一边解释。

"三足乌陛下？"肖小笑和田田又是惊喜，又是疑惑。

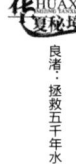

"对,它使用了一种魔力,能和我的大脑通话,让我们到那座山洞里去参拜它鸟大王。"范弥胡兴奋地说,末了还特别评价了一句,"这可真省电话费!"

"参拜""鸟大王"这口吻,倒真的像是那只自负傲慢的乌鸦。看来,关于三足乌的线索越来越多了,难道三足乌被困在了山洞里?

终于,三个少年来到了山洞口,他们毫不犹豫就钻了进去。在大雨中淋了那么久,他们都狼狈极了。肖小笑脱掉冲锋衣,抖落上面的水;田田摘掉防水帽,梳理湿漉漉的头发;最惨的是范弥胡,他穿的单衣早已被大雨浇透,于是他赶紧脱掉拧干,水哗哗地流了一地后,范弥胡又一屁股坐下,脱掉鞋子,竟然也倒出了半鞋子水!

"这下舒服多啦——阿嚏!"范弥胡满足地说,又在一阵寒意中打了个喷嚏。

三个少年一边各自收拾,一边打量着这座山洞。山洞里竟然有一堆篝火,正在熊熊燃烧着。范弥胡跑过去,借着火光温暖身体、烤干衣服和鞋子,肖小笑和田田也都走过去取暖。

"嚯,三足乌陛下的洞府看起来还真不赖——阿嚏!"范弥胡感慨。

肖小笑也开始观察这个山洞。这是一个岩洞,四壁都是坚硬的山岩。洞里虽然挺宽敞，可看起来并不大，在火光的映照下，每个角落都一览无余，三足乌真的在这里吗？

"范弥胡，你还能联系上三足乌陛下吗？"肖小笑问道。

范弥胡一边摸着脑袋，一边"喂喂"了几声，似乎在呼叫三足乌，却没能成功。他哀叹了一声，语气里带着懊悔说："不行，联系不上了……早知道该留个电话号码才对。"

肖小笑琢磨起来。他们跟随着梦中的线索，从水上乐园一路历险，来到了一片湖泊中央的岛上，又进入了这座山洞，结果什么也没发现——不对，山洞里一定还能找到些什么！

"我们到处找找！"肖小笑说。

三个少年在山洞里搜寻起来，他们很快就有了发现。肖小笑在岩壁上发现了许多石刻的痕迹，那是一个个古怪的图案，而田田的发现更让他们惊诧不已——在一个角落，她发现了许多玉石！

那是一些打磨得精光透亮的玉器，散发着或白或黄或绿的光。田田认得，有圆盘形状的，中间还有个圆孔，那是玉璧；有方形的，高矮不一，中央也都带有圆孔，那是玉琮；此外，还有圆环形状的玉镯、形似斧头的玉钺、形

如鱼叉的玉叉、装着玉匙的玉罐、细长的玉锥……

看到了这些玉器,范弥胡的眼珠子都快变成绿色的了。他叫嚷着说:"三足乌陛下真没亏待我们,它虽然死掉了,却给我们留下了这么多玉石财宝。我们要发大财了!"

"范弥胡,别胡说!"肖小笑说。

"我说错了吗?"范弥胡嚷嚷道,"我算是明白了,我们三个人做了相同的梦,这是因为三足乌陛下托梦给我们;我能听到它的声音,这是它的鬼魂在引导我们。喂,我说瘸腿乌鸦陛下,我范弥胡谢谢您啦!"

说着,范弥胡竟然在地上咚咚磕起头来。

田田没理会范弥胡,她发现这堆玉器表面都布满了花纹,看起来十分精美。那是一种繁复又细致的线条,就像人的指纹一样精细。不管是谁,在这些玉器上雕刻出了这些图案,肯定想传递什么信息。

"这可能是古人留下来的。"田田分析说。

"古人?唐朝还是明朝的?"范弥胡问。

"可能更早。"田田说,她左手拿起一块白色的玉盘,右手拿起一块黄色的玉琮,以她的学识分析起来,"我们的古人不知道地球是圆形的,他们眼中的世界可以用'天圆地方'来总结。你看,这玉盘是圆形的,代表头顶的天;这玉琮是方形的,代表脚下的大地。正所谓'天似华盖,形圆；地如棋盘，形方'。咦——"

田田发出疑惑的声音。她在这些玉器上发现了一个共同的图案，那是一个半人半兽的图案，它的上半身是一张人脸，周围布满了羽毛，龇牙咧嘴的，细长的胳膊搭配高耸的肩部；下半身却像是一只野兽，有着大大的眼睛，用一种奇怪的姿势匍匐在地面上。乍一看，就像是一个怪人骑在一头怪兽上。

田田摸起一枚玉器，观察后放下，又摸起另一枚。几乎每一枚玉器上都有这样半人半兽的造型。她的心突突直跳，她指给范弥胡看。

"嘿，这什么玩意儿？有点儿眼熟，我总觉得咱们在

哪里见过！"范弥胡说道。

与此同时，肖小笑也在岩洞的石壁上发现了很多类似的图案，他跑了过来。在洞内忽明忽暗的火光映照下，他看上去神情慌张："伙计们，我们可能中了圈套了。"

"圈套？什么圈套？"范弥胡问。

"时空蚩尤！"肖小笑说，"这岩洞里，有很多时空蚩尤的图案！"

时空蚩尤是一个秘境破坏者，他喜欢在各种秘境中搜集宝物，给这些秘境带去了灾难。三足乌就是因为在敦煌秘境与时空蚩尤作战时，牺牲了自己，才化为乌影的。时空蚩尤本身是一个身上长满了黑毛的怪人，他骑着一头名叫食铁兽的坐骑。图案上的半人半兽，可不正是时空蚩尤骑着食铁兽的样子吗？

篝火噼啪作响，似乎什么东西爆了。肖小笑的眼睛里流露出了恐惧，一个糟糕的念头在他的头脑中萌生：莫非，这一切并不是三足乌的指引？真正的幕后主使，是时空蚩尤那个大坏蛋！

"咱们中计了，快跑！"肖小笑声音低沉而急促。

三个少年再也顾不上别的，撒腿就往岩洞外跑去。

然而已经来不及了，一个又矮又小的黑影站在洞口，挡住了他们的去路。他浑身黑毛，长相丑陋，表情狰狞，肩上扛着一柄锋利的斧头，喉咙深处发出可怖的呼噜声。

"秘境探险队，下了那么大的功夫，我终于把你们请到这里来了！"

时空蛊尤狞笑着说。

小小考古学家

文物名称： 嵌玉漆杯（碎片）

出 土 地： 良渚反山遗址

文物介绍： 木杯碎片带有红漆和玉粒，绘有圆圈和螺旋纹，原身是一只宽把带流杯。

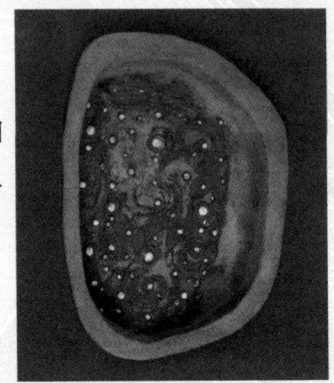

专家的考古猜想： 该漆杯工艺繁复，制作高超，木胎镶嵌玉石，刷有红漆，该器物应该是贵族专用。

肖小笑的考古猜想： 杯子碎片的圆圈好像波浪！我认为，这个图案象征着河流，良渚人可能认为，既然水和酒都是流动的，那么把河流刻在杯子上，就象征着美酒饮之不尽的美好寓意。

我的考古猜想： _____
_____

时空蚩尤的圈套

夜已深沉,岩洞里的篝火摇曳着,就像跳着诡秘的舞蹈。肖小笑、范弥胡和田田正面临极大的威胁,他们聚拢在一起,望着步步逼近的时空蚩尤。

时空蚩尤虽然长得又黑又丑,却有着强大的法力。他在不同的时空秘境里兴风作浪,制造了一场又一场灾难。只有三足乌在变身进入金乌状态后,才能与他抗衡。而如今,三足乌已经化为乌影,时空蚩尤唯一的克星消失了。在这片莫大的湖泊中的荒凉小岛上,三个少年孤立无援,又该怎么跟时空蚩尤抗衡呢?

"这回,我们有大麻烦了!"肖小笑低声说,"待会儿,我拖住时空蚩尤,你们俩赶紧逃跑!"

"不,死也要一起死!"范弥胡和田田坚决不同意,他们异口同声。

三个少年都做好了殊死一战的准备。

跟时空蚩尤作战,只能智取,不能硬来。肖小笑心生一计,他故意大声叫道:"伙计们,不用害怕,三足乌陛下会来救我们的!"

三足乌陛下不是化为乌影了吗?范弥胡脑子里一阵迷糊,田田此刻比他更机灵,一下子就明白了肖小笑的用意。他这是在吓唬时空蚩尤呢,让他听到三足乌的名字就赶紧逃跑。于是,田田用胳膊肘捅了捅范弥胡,配合地大声呼唤道:"三足乌陛下,您快快现身,快快发威吧!"

要是在过去,听到三足乌的名字,时空蚩尤早就吓得溜之大吉了。可是今天,他却不为所动,缓步一直走到了三个少年跟前。看起来,他已经知道三足乌化为鸟影了。

"什么三足乌陛下?哼,那只破鸟,它不可能来救你们了!"

时空蚩尤说着,扬起了手中的战斧。肖小笑、范弥胡和田田此时陷入了绝望,他们一起闭上了眼睛。

然而,过了好久时空蚩尤也没有发动进攻,随后两个奇怪的声响钻进了肖小笑的耳朵。

"咣当!"

这是战斧落地的声音。

"扑通!"

这是时空蚩尤跪倒在地的声音。

肖小笑的内心一片狂喜,莫非三足乌听到了他们的呼唤,真的现身了?它三下五除二就把时空蚩尤解决了,让它跪地认输!三个少年激动地睁开眼睛,可哪里有三足乌的影子。时空蚩尤正自己个儿跪在地上,把战斧扔在一边,哀求起来:"求你们——救救我吧!"

肖小笑、范弥胡和田田全都愣住了,不知道时空蚩尤这是在唱哪一出。

时空蚩尤继续哀求着："你们要是不救我，我就活不了多久啦……我愿意拿出我的一半财富。不！我可以把全部财富都献给你们……那是我的命呀！不！它比我的命还重要……求求你们行行好……"

时空蚩尤涕泪交加，他伸出胳膊蹭了一把，眼泪和鼻涕糊了一脸，挂在脸上的黑毛上。他东一句西一句，三个少年听得稀里糊涂，不知道究竟发生了什么。

范弥胡眼珠一转，似乎明白了过来，他说："你们看时空蚩尤满脸黝黑，这是中毒的症状，或许是吃了什么不该吃的东西，或许是得了什么怪病，总之，他来找我们求救。"

"别胡说八道！"田田小声训斥范弥胡，"时空蚩尤要是真中了毒，找我们又有什么用？我们又不是医生！"

范弥胡却说："要不然，我们打个120，叫一辆救护车，把他拉到医院抢救去吧！"

"拉什么拉！"田田给范弥胡的大脑袋来了一下子，"这可是五千年前的良渚秘境，连马车都没有，哪里来的救护车？"

时空蚩尤哭了一阵子，情绪稍稍缓和了一些，说道："是我那心爱的宝贝食铁兽！它失踪了，化成了一团乌影！我思来想去，只有你们才能帮我找回它！你们要是不答应，我也不想活了！"

这么一说,肖小笑终于明白了。

时空蚩尤有一个宝贝坐骑,名叫食铁兽,实际上它是一只大熊猫,看起来又蠢又萌,还特别贪吃。时空蚩尤非常疼爱食铁兽,总是把它当成心肝宝贝养着,甚至有点儿溺爱。食铁兽喜欢吃细嫩的竹枝竹叶,时空蚩尤就想尽办法帮它寻找;要是食铁兽受了一丁点儿伤,时空蚩尤就心疼得要死要活的。

时空蚩尤总是与食铁兽形影不离,他这么一说,肖小笑还真发现食铁兽不在附近。

"怎么,食铁兽也化为了一团乌影?"

"对,我那苦命的心肝宝贝!"时空蚩尤诉苦道,"它是和你们的三足乌一起化为乌影的!"

看起来,时空蚩尤早就知道三足乌已经化为了乌影。他并没有说谎,凭着他的法力,可以轻易打败他们三个,没有必要耍什么花招。肖小笑稍稍放下心来,说道:"你来求我们也没有用呀,我们也不知道该怎么把三足乌陛下救回来。"

"你们让我讲完——我费尽心思,把你们召唤到这里来,是为了告诉你们一个信息……"时空蚩尤激动地大吼一声,震得岩洞顶直往下掉石渣,然后慢慢讲述起来。

原来,时空蚩尤在失去了食铁兽之后,陷入了极大的悲痛。即使他拥有无边的法力,平生积累了那么多的财宝,可没了食铁兽,一切都似乎失去了意义。

悲伤之余,良渚王子在瑶山祭坛的祈愿引起了时空蚩尤的注意。

时空蚩尤住在九黎星球,拥有操控时空本领的他,经常能接收到来自不同时空秘境的信号。在良渚王子的祈愿中,时空蚩尤得知:化为乌影状态后,三足乌被封印在一块玉石中。只要能找到那块封印玉石,念诵咒语,就能将它解救出来。

时空蚩尤喜出望外:这种方法既然能解救三足乌,就也能解救食铁兽!

然而,怎样才能找到封印玉石呢?时空蚩尤感觉自己需要几个帮手。思来想去,秘境探险队是最合适的合作对象。

于是,时空蚩尤制造了一些梦境,联通肖小笑、范弥胡和田田的思维,埋下线索,引诱他们来到这座小岛上。整个过程中三个少年都浑然不知,还以为是三足乌在向他们求救呢!

"这就是我把你们请到这里来的原因!"时空蚩尤坦白道。

范弥胡非常不满:"我们忙活了半天,又是冲浪又是淋

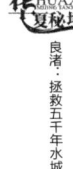

雨的，原来是你在捣鬼！"

肖小笑也说："就是，我们还以为是三足乌在向我们求救呢！"

"如果不冒充三足乌陛下，你们怎么会肯来跟我见面？"时空蚩尤解释。

"那个良渚王子呢？你该不会把他给吃了吧？"田田焦急地问道。从时空蚩尤刚才的叙述中，她对良渚王子产生了兴趣。

"我能吃吗？我时空蚩尤从来只爱财，不杀人！"时空蚩尤急得唾沫星子都飞出来了，"良渚王子在离开瑶山祭坛后，又骑着梅花鹿连夜返回，说是要去视察大坝，确保良渚古城的安全。"

"他可真是个好王子，会不会和我们年纪相仿？"田田说。

肖小笑提醒道："你别忘了，良渚王子是五千年前的人，论辈分，是我们的始祖啦！"

田田吐了吐舌头。

要不要跟时空蚩尤联手呢？三个少年陷入了矛盾。

范弥胡觉得，时空蚩尤是一个无恶不作的坏蛋，怎么可以跟一个坏蛋联手呢？万一被他坑了该怎么办？田田却觉得时空蚩尤有些可怜，她喜欢养宠物，知道人对宠物的感情，不禁同情起时空蚩尤来。

"看起来，我们并没有别的选择。"肖小笑望着山洞里的那一堆玉石，不知道哪一块封禁着三足乌，"时空蚩尤，你说吧，怎样才能救回三足乌陛下和食铁兽呢？"

"别看了，这里哪一块也不是。"时空蚩尤露出了得意的笑容，仿佛这一问正中下怀，"封印玉石并不显眼，在这片广袤的土地上，它可能被收藏在某个良渚村落里，也可能被供奉在某个良渚祭坛上，也可能被埋藏在某个良渚墓葬中，也可能被遗弃在某块良渚农田中……"

"这可太麻烦了。"田田说。

她知道，良渚王国的范围非常大。考古人员在长江下游地区发现了600多处遗址，北依长江，南抵钱塘江，环绕太湖分布。用现在的地理概念来说，那就是长三角地区。在这么大的一片土地上寻找一块小小的石头，这简直是大海捞针呀！

"封印玉石正向外发送一种特殊的信号。只要我们能捕捉到那种信号，就不难找到它们！"时空蚩尤嘴角一咧，又露出丑陋的笑容，"接收信号的雷达装置，你们收到了吧？"

"什么雷达？"肖小笑糊涂了。

"就是那枚玉鸟！"时空蚩尤说。

田田赶紧掏出玉鸟,捧在手中仔细看。原来这就是良渚王子的随身玉佩,她恍然大悟:玉鸟表面的那些纹理,竟然是良渚王国地图。

时空蚩尤说:"对,就是它——它可以显示封印玉石的位置。"

然而,田田并没有在玉鸟上看到什么信号。

"你把玉鸟交给他!"时空蚩尤指着肖小笑说。

田田将信将疑地将玉鸟交给肖小笑。果不其然,肖小笑的手指刚一碰到玉鸟,一个绿莹莹的小光点就在玉鸟表面闪烁起来。

"只有在梦境漫游者的手中,玉鸟才能感应到封印玉石的方位。只有你,就连我也不行。"时空蚩尤遗憾地说,"这就是我必须找你们联手的原因。"

肖小笑终于明白了时空蚩尤的用意,仔细观察起玉鸟。他数了数,那些小光点共有四处,哪一处才是封印着三足乌的位置呢?

"可惜的是,我也不知道哪个是三足乌,哪个是食铁兽。"时空蚩尤说,"我们只有逐个寻找过去,碰到哪个算哪个。"

"那其他的光点呢?"田田问。

"其他的光点里封印着别的东西,它有可能是某个倒霉的神灵,也有可能是可怕的恶魔。"时空蚩尤说着从地上捡起战斧,在手中抡了几下,"咱们可要做好打一场恶战的准备!"

小小考古学家

文物名称：黑陶罐

出 土 地：澄湖遗址

文物介绍：陶罐口残破，罐身一圈有五个符号，形似五种不同的动物形象。

专家的考古猜想：这些符号是陶罐在烧制之前，先民用竹管或芦苇管精心刻上去的，明显有着特殊的寓意。虽然陶罐的黑衣大部分剥落，但灰黄色胎体完好，表明陶土质量好、烧制温度高。

肖小笑的考古猜想：照片正面的这只动物，外形像鸟，脸却像猫，鼻子又像猪，还留着一缕小胡须，长得特别萌！这会不会是五千年前良渚时期的漫画角色呀？

我的考古猜想：_____

_____

地下玉矿探秘

跟着玉鸟的导航，秘境探险队的新征途开启了。与以往不同的是，这一回，这支队伍里缺少了三足乌，加入了一名新成员——以往的劲敌时空蚩尤。在这次行动中，他们可能会遇到更强劲的敌人。

他们面临的第一个困难是：怎样走出这座岛？

这座岛位于太湖之中，它原本是半岛。结果这场暴雨让湖水上涨，淹没了与陆地相连的通路。

"只有另寻他路了。"肖小笑在玉鸟雷达上找到了一条隐蔽的路线，"看，这洞穴看起来很深，是一条通道。我们找找看，一定有隐蔽的洞口。"

很快，他们就在角落里找到了一个通向地下的地洞。洞里黑咕隆咚的，不知道有多深，洞口也很窄，一次仅能容一人钻下去。

三个少年发现他们没有携带探险工具，肖小笑说："我们要是穿着秘境探险服就好了。"

三足乌曾经送给他们每人一套高科技探险服，这套探险服不光穿着舒适轻盈、坚固防雨，还配备了探照灯、夜视镜、攀岩索等许多探险装备，在过去的探险中给秘境探险队员带来了莫大的帮助。

"这一次，秘境探险服就由我时空蚩尤来提供吧！"时空蚩尤说着，从山洞的另一个角落里拿出了三套探险服，显然是早已准备好了。肖小笑、范弥胡和田田更换上探险服，范弥胡惊喜地发现，他的探险服配备有一副智能眼镜，戴上它，眼前就能显示各种提示信息。

三个少年打开探照灯，陆续钻进洞口。

这洞口下去没多久，就出现了一条横向的地道。里面曲曲绕绕，崎岖不平，也没多宽敞，最窄处甚至需要侧身才能通过，还有的地方需要趴着才能通过。三个少年和时空蚩尤只能排成"一"字队形，依次前进。

刚开始，时空蚩尤走在最后，时不时挥舞两下他手中的战斧。范弥胡走在他的前面，总觉得脖子后发凉，就粗声粗气地对他说："喂，时空蚩尤，你还是走在最前面去探路吧！"

时空蚩尤也不客气，拎着战斧在最前面开路。遇到巨石阻隔，他哐哐两斧子，巨石就在一片火花中化为碎渣。肖小笑、范弥胡和田田见识了时空蚩尤的威力，一个个瞠目结舌。如果时空蚩尤想对付他们，那还不轻而易举？

这么个怪物，不能不防。肖小笑多了个心眼，他说："时空蚩尤，我们可以跟你联手，但你必须答应我们一个条件。"

时空蚩尤倒也大方，他直率地说："说吧，你们想要我多少财宝？我可以分给你们一半——不，只要能找回食铁兽，我愿意分给你们百分之七十——不，百分之九十！"

看来，时空蚩尤真是疼爱食铁兽，连他素来珍爱的财宝都愿意奉送。

"我们可不要你的财宝。"肖小笑说，"既然是你来求我们联手的，那就要听从我们的指挥。我们说什么，你就要做什么；我们不同意的，你绝对不能做！"

"行！"时空蚩尤咬着牙说，"只要能救回食铁兽，哪怕你们让我上刀山、下火海，我都在所不辞！"

时空蚩尤答应得一点儿也不含糊，肖小笑还挺喜欢时空蚩尤的这一面。

在钻过了一个隘口之后，秘境探险队进入了一个稍微开阔的洞厅。拿探照灯一照，洞厅里有许多石头做的工具。田田走过去仔细看，研究起这些石头工具的用途。

范弥胡想试试时空蚩尤是不是真的听话，就给他下了一道命令："现在，你躺在地上学驴打滚！"

范弥胡这一要求实在过分，就连肖小笑也觉得不该对时空蚩尤下这样的命令。可没想到，时空蚩尤二话不说，当即往地上一躺，真的打起了滚儿，还学起了驴叫。

"欧啊——欧啊——欧啊——"

范弥胡开心极了，他又下了第二道命令："蹲在地上，学蛤蟆跳！"

时空蚩尤当即趴在地上，两腿使劲儿弹跳，蹦出去老远。

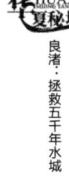

"咕呱——咕呱——咕呱——"

"嘿,还真像!"范弥胡说,"喂,鸭子走路你会吗?学给我看看!"

"嘎——嘎——嘎——"

时空蚩尤扭动着肥肥的屁股,在洞穴里转悠起来。

正在研究那堆石器的田田见了,不禁批评起范弥胡来。

"你太过分了!"田田走了过来,制止了范弥胡下达新的命令,她扶好时空蚩尤,帮他理了理凌乱的毛发,对范弥胡严肃地说,"不准你再欺负二黑子!"

"二黑子?"这个新称呼令范弥胡吃惊。

"对,从现在起,我就叫他二黑子!"

田田竟然给时空蚩尤起了一个宠物的名字,时空蚩尤却一点儿也不生气,他温顺地答应起来。

地洞里的路一直向下,看起来可能通向湖底。田田在沿途又发现了一些石器工具,岩壁上还有开凿过的痕迹。田田时而神情疑惑,时而喜上眉梢,口中还嘀嘀咕咕,似乎发现了什么线索。

"田田,你发现了什么?"肖小笑问。

"就是,那些石头有什么大不了的?"范弥胡也说。

田田却一脸神秘,她说:"我们可能要发现大宝藏了!"

"大宝藏!"范弥胡的眼睛都直了,"难道我们进入了海盗的藏宝库？里面满满的全是金银财宝？哎呀，早知道我该带个大背包来！"

"范弥胡，你怎么比二黑子还贪财！"田田说，"有没有宝藏，是什么宝藏，我们再往前走走就知道了。"

从下降的距离估算，秘境探险队已经来到了太湖底部，坡度也缓了许多。这里的岩壁有些潮湿，许多低洼处还有积水，需要蹚过去。走着走着，一片水潭挡住了他们的去路。

这片水潭看起来并不大，但与对岸也相隔五六米远，三个少年无论如何也跳不过去。肖小笑想绕过去，可四面都是光滑的洞壁，难以攀缘。水潭上有一座木制的桥梁，可现在已经腐朽坍塌了。

"嘿，这湖底还有一片湖，我们可真够倒霉的！"范弥胡抱怨起来。

时空蚩尤从鼻孔里喷出一团粗气，说了声"看我的"，就走向前去，跳下水潭。这水潭看起来比想象中还要深，时空蚩尤的脑袋沉入了水底。就在肖小笑他们为他担心的时候，时空蚩尤的身体又从水潭里浮了起来。不，与其说他浮出了水面，倒不如说是他的身体在膨胀、变大，从而从水中冒了出来。不一会儿，时空蚩尤成了一个巨人，他伸展双臂，连通了水潭的两岸。

"你们从我的身体上走过去！"时空蚩尤喊道。

　　肖小笑以前就知道，时空蚩尤有着变大缩小的绝活。肖小笑第一次见到他的时候，时空蚩尤就缩成一根小拇指大小的小人儿，藏在食铁兽的毛发里跟肖小笑对话，唬得肖小笑以为熊猫说话了。而当他变身为巨人状态时，威力也会增添很多倍，成为一个破坏力极强的家伙。

　　"瞧，二黑子还有两下子吧？"田田说着爬上时空蚩尤的胳膊，又翻过他的脑袋，爬向水潭对岸。肖小笑也跟着来到了对岸，就剩下范弥胡了。

　　范弥胡素来笨手笨脚，趴在时空蚩尤的胳膊上摇摇晃晃，就像在走独木桥。在翻过时空蚩尤脑袋的时候，范弥胡踩着他的鼻子，拽着他的耳朵，不知道该怎么使劲儿。时空蚩尤疼得直咧嘴，最终忍不住打了个喷嚏。范弥胡脚下一滑，跌落水潭中。

　　关键时刻，时空蚩尤张开大嘴，伸出舌头，接住了范弥胡。

　　"妈呀，我要被时空蚩尤给吃了！"范弥胡哇哇大叫。

　　时空蚩尤伸出巨大的手指，将范弥胡从嘴里捏出来，轻轻地放到对岸。

　　"你多长时间没洗澡了？"时空蚩尤说着，也爬上了对岸，同时体形缩小，恢复成了正常的模样。

　　这一番经历让肖小笑对时空蚩尤更加信任了。刚才，如果时空蚩尤不及时出手相救，范弥胡就掉进水潭中了，看来，他这次是真心想跟三个少年联手，并没有藏着坏心眼。

就在秘境探险队打算继续前行时，眼前的一幕却让他们惊住了。

水潭的对面是一道矮崖，下面是一片谷地。用探照灯一照，谷地里怪石嶙峋，反射着晶莹的光。

这是一片玉矿！

"我的天哪！"三个少年齐呼。

这一切仿佛正在田田的预料当中，她说："看吧，我就说我们会发现一片大宝藏，怎么样，找到了吧？"

"田田，你是怎么知道的？"肖小笑问。

"很简单，刚才我们在沿途发现的那些石器，是良渚人用来采挖玉矿的工具！"

"发财了，发财了！"范弥胡的眼睛都直了，他跳下矮崖，抱着一块玉石亲了起来。

田田也喜欢美玉，可看到范弥胡像个财迷，不由得鄙视起来。

"玉石再美，不了解其中的文化，也不过是石头而已，有什么稀罕的？"田田说。

"田田的话有理。"肖小笑说，"我们所知道的玉石，只不过是一种矿石，它的真正名称叫透闪石。在地下深处，涌动着高温的岩浆，它们沿着地壳裂缝不断上升，随着温度降低而结晶成为坚硬的岩石。在这个过程中，某些特殊的成分恰好让岩浆凝结成了一种晶莹的矿物，就是透闪石。"

田田却好像发现了一个大秘密，她说："在五千年前，良渚先民就特别喜爱美玉。不过，考古学家一直以来有一个没能解开的谜团：在长江下游地区，并没有发现玉矿。良渚的美玉到底从何而来呢？我想，我们找到了答案。"

一向喜爱宝藏的时空蚩尤，却对这些透闪石视而不见。他拎着战斧，默默地穿过谷地，向前走去，口中感叹着："人类真是一种奇怪的动物，明明就是一块块石头，却非要当成宝贝，雕刻出各种造型。甚至古人还把玉与人的品德挂钩，把君子比成美玉。我可一点也不理解！"

时空蚩尤的话引发了肖小笑的好奇。他忍不住问："时空蚩尤，你不是特别喜爱财宝吗？"

"我喜欢财宝，倒也不错。不过，我喜欢的可不是这些破石头，而是人类文化的珍宝。"时空蚩尤说，"一块普通的透闪石，如果雕刻出了精美繁复的花纹和奇特的造型，体现巧夺天工的技艺，且富含特殊的寓意，那才是我心目中真正的珍宝。"

肖小笑点点头，觉得时空蚩尤说得不错。他又严肃起来，用质问的口气说："可是，你到各个秘境里去掠夺宝藏，给它们带来了灾难。"

"我不是为了占有它们，而是为了保护它们！"时空蚩尤说，"在历史的长河中，数不清的珍宝遗失、毁灭，如果我不抢先一步把它们全都带走，保护起来，它们也会被破坏的。"

时空蚩尤说得振振有词，可肖小笑却觉得他的逻辑站不住脚。他想，如果掠夺文物的人都以这样冠冕堂皇的借口掩饰自己，那世界不就乱套了？比如世界四大博物馆之一的大英博物馆，拥有珍贵藏品达800多万件，其中大量文物都是从世界各地掠夺来的。

肖小笑想辩驳时空蚩尤，最好能说服他放弃自己的荒唐想法。就在这时，时空蚩尤仿佛听到了什么动静，他把战斧在手中掂了掂，轻声说道："有情况，咱们当心！"

洞穴里回荡着一阵轻微的咳嗽声："咳咳咳，咳咳咳！"

小小考古学家

文物名称：龙首纹玉镯

出 土 地：良渚瑶山遗址

文物介绍：灰白色玉质，高约2.65厘米，直径约8.2厘米，宽扁环状，外环刻有4个龙首纹。这种玉环又称作蚩尤环。

专家的考古猜想：龙首纹是流行于良渚文化早期的一种纹饰。龙首纹玉器几乎都出自良渚文化中等级最高的墓葬。可见，龙首纹在良渚文化早期信仰中具有重要地位。

肖小笑的考古猜想：这种带有龙纹的玉环竟然被称作蚩尤环！难道说蚩尤与龙的起源有关？玉环上的龙首眼睛突出，耳朵竖起，嘴巴也张得大大的，还有角，难道历史上的蚩尤长得就是这副模样？

我的考古猜想：_____

_____

封印的火龙

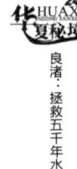

"咳咳咳，咳咳咳！"

微弱的咳嗽声从前方传来，回荡在晶光闪烁的良渚玉矿里。三个少年竖着耳朵倾听，那是谁？会是什么可怕的敌人，还是前来采集玉矿的良渚人？

肖小笑掏出玉鸟雷达一看，不禁喜出望外。只见一个绿色的光点忽明忽暗，正闪烁在前方的地洞里。

前方，有一块封印玉石！

"可能是三足乌陛下！"肖小笑说。三个少年连同时空蚩尤，也顾不上这片价值连城的玉矿了，一起向前奔去。

时空蚩尤的听觉十分敏锐，能捕捉到人类听不到的细微声音。玉矿前方有好几个分岔的洞口，玉鸟雷达上也没有显示得那么精确，三个少年都不知道该走哪条路。但时空蚩尤耳朵微微一动，指着一个方向说："声音是从这里传来的。"

果然，顺着那个方向走去，刚才那个声音越来越大。除了咳嗽声，还能听到说话声。

"咳咳咳，谁这么大胆，竟然把我关在这里！"

"咳咳咳，谁来解救我，重重有赏！"

听起来，像是谁被困在了洞里，正在发泄怨气。

"一定是三足乌陛下。"田田说。

"你怎么知道？"范弥胡问。

"除了三足乌陛下，还有谁会用这种口气说话？"田田说。

三足乌高傲自负，每一句话都带着唯我独尊的口气。肖小笑越听越觉得那是三足乌。

范弥胡好奇地说："嘿，原来被封在玉石里，还是可以说话的！"

秘境探险队一路小跑，没过多久就来到了一个洞厅里，眼前到处堆放着凌乱的石器和陶罐。肖小笑、范弥胡和田田竖着耳朵仔细寻找起来，终于，在一个陶罐里，肖小笑发现了一块玉石。

"封禁玉石在这里！"

这块玉石是中间带孔的圆饼形状，泛着乳黄的色泽。在玉石的侧面，有一些凸起的形状，从形状依稀可以分辨出两只尖尖的耳朵、一双大大的眼睛和一个突出的鼻子。

"这造型是龙——这是一枚玉龙！"田田惊喜地叫道。

龙本是一种想象中的动物，寄托着古人无限的情感，并逐渐成了中华民族的图腾。直到今天，中国人依然自称为"龙的传人"。龙究竟从何时起源，考古专家众说纷纭。但面前的这枚良渚玉龙足以证实，在五千年前的新石器时代，龙的形象已经出现了。

玉龙显然也听到了肖小笑他们的声音，显得非常惊喜。

它大叫着:"咳咳咳,终于有人来了!快,快把我放出去!咳咳咳,你们救驾有功,重重有赏!"

听到这说话的语气和态度,肖小笑几乎可以断定,玉龙里封印着的就是三足乌!

范弥胡乐呵呵地说:"嘿,三足乌陛下怎么咳嗽啦?被封印的滋味可不好受吧?"

时空蚩尤也关切地对玉龙喊道:"食铁兽,你在不在里面?"

范弥胡说:"时空蚩尤,你听听这嘶哑的声音,这高傲的态度,绝对是三足乌陛下,不是食铁兽。"

"食铁兽不会说话,发不出声音。没准,它跟三足乌一起被封禁在这玉龙里。"说完,时空蚩尤又对玉龙说,"食铁兽,你别着急,我这就念咒语,把你救出来!"

说着,时空蚩尤拿起一只陶罐,将它底朝上摆放在洞厅中央,又把玉龙摆放在上面。接着,时空蚩尤围着玉龙转起圈来,他先是顺时针转了五圈,又逆时针转了五圈。一边转圈,他还一边念起了咒语。

一二三四五,
上山打老虎。
大网抓鳄鱼,

巨石砸小鹿。

这哪里是咒语,明明是三岁小孩的儿歌——还是唱错了的儿歌。肖小笑、范弥胡和田田听他这番胡言乱语,不禁面面相觑。

田田说:"二黑子,这首儿歌不是这样唱的。应该是:一二三四五,上山打老虎。老虎没打到,打到小松鼠。"

"好可怜的小鹿!"范弥胡讽刺道,"时空蚩尤,你到底会不会咒语呀?"

时空蚩尤却没有理会他们,他一点儿也不像在开玩笑,仿佛没有幽默细胞,依旧表情严肃地念完了这一套滑稽的咒语。

你还别说,时空蚩尤刚一念完咒语,神奇的事情就发生了。只见玉龙的周围腾起了一团白雾,如同朦胧的面纱将整个洞厅笼罩。就在这雾气缭绕之时,一个身影在白雾里若隐若现,仿佛正从远古的传说中走来,身影在白雾中逐渐清晰。

"三足乌陛下!"

"食铁兽!"

三个少年和时空蚩尤一起喊道。

当白雾逐渐散去,那个身影完全清晰的时候,他们全都傻了眼。面前出现的既不是三足乌，也不是食铁兽，而是一条红色的龙！

那真是一条和传说中一模一样的龙，有着长长的身体、威武的脑袋和锋利的爪子。但龙的个头并不大，看上去只有肖小笑的手臂那么长，它蜷缩着身子，在半空游动，一边游动，还一边咳嗽。

"咳咳咳，咳咳咳！"

这下可不得了，这条龙每咳嗽一声，都会喷出一团火。

轰！一团火朝着三个少年喷来。

"不好啦！"三个少年哇哇叫着跳开躲避火焰，有的一屁股坐在地上，有的直接抱头卧倒。

"抱歉，抱歉！"火龙连连说道。

不过，从它的口气中可感受不到什么歉意，只有自大："咳，这里环境可真糟糕，又阴暗又潮湿，我被困了那么久，嗓子不太好。咳咳，你们要知道，作为一条强壮的龙，咳嗽起来是一件多么难受的事情。咳咳咳，咳咳咳……"

火龙的胸脯剧烈地起伏着，它那积蓄已久的能量都化作一道道狂野的火焰，随着咳嗽被喷射出来。狭小的洞厅里立刻火光四射，一道道火焰如同狂舞的火蛇，在黑暗中攒动，空气中弥漫着硫黄和焦灼的气味。

不偏不倚，一团火焰正喷向时空蚩尤，把他头上的黑

毛都点着了。时空蚩尤赶紧在地上打滚,才扑灭了身上的火。

"抱歉,抱歉!"火龙一边咳嗽一边说,"咳出来舒服多啦!"

玉龙里封印着的既不是三足乌,也不是食铁兽,而是一条咳嗽的龙。肖小笑、范弥胡和田田既失望又好奇。等它的咳嗽稍微平息了一点儿,肖小笑问道:"请问,你是谁呀?"

没想到,这句话却触怒了火龙,它又轻轻咳嗽了几声,怒吼道:"大胆,你们这些平凡的人类,只不过是世间的尘埃,竟敢用'你'来称呼我?你们应该称呼我为'威力无比法力无边火焰腾腾热力朝天给世界带来光与热的火龙尊驾',明白了吗?"

"这名字太长了!"肖小笑感到为难。

"或者,你们也可以简称'火龙尊驾'。"

范弥胡哧哧笑了起来:"还什么'火龙尊驾',我看倒像一条红泥鳅!"

"大胆!"火龙发怒了,它轻咳了一声,一团微小的火苗朝着范弥胡喷去,正命中他的眉毛。范弥胡的眉毛被火燎了一下,他赶紧拼命拍打。

"这就是触怒本尊驾的下场!"火龙说道。

这口吻，这架势，跟三足乌倒还真像，又自大又自负。三足乌不仅让别人称呼它为陛下，就连自己也自称"本陛下"。范弥胡经常喊它"瘸腿乌鸦"，每一次都会被三足乌疯狂报复，下场惨着呢。肖小笑真怀疑这条红龙是三足乌变成的，就算不是，它也一定跟三足乌有关联。

"火龙尊驾，您息怒！"肖小笑按照火龙的要求称呼它，又问，"您有没有见过一只三条腿的乌鸦？它是三足乌，太阳的化身。"

看到肖小笑的态度还不错，火龙态度缓和起来，说："哟，是小乌乌呀！何止见过，我们还是老相识！哎呀呀，你们认识三足乌，难道不认识我？你们有没有听过一个传说？每天早晨，羲和女神都会驾着御车腾空而起，在天空中翱翔，车上载着象征着太阳的三足乌。"

"羲和驭日！"田田兴奋地说道。

羲和驭日是一个传说，在中国神话里，羲和是太阳女神。实际上，这是古人对太阳东升西落的想象。肖小笑和范弥胡也都知道这个故事。

看到三个少年都熟悉羲和驭日，火龙得意极了，口中赞叹着："不错，不错！在传说中，羲和女神的御车是由火龙牵引的，而我——威力无比法力无边火焰腾腾热力朝天给世界带来光与热的火龙尊驾——就是那条火龙！"

说这些话时，火龙自豪极了，它长长的身体在空中游动，盘踞成各种威武的造型。然而，范弥胡却在一旁笑得喷了出来。

"扑哧——怪不得让我们喊它'火龙尊驾'，原来是个驾车的！"

范弥胡总是不长脑子，以前就总是触怒三足乌，遭到它的一顿猛啄。现在会吐火的火龙尊驾更不是好惹的，它报复起来比三足乌厉害多了。

"大胆，咳咳咳——"

"无礼，咳咳咳——"

一团又一团火焰朝着范弥胡喷来，将他团团包裹，他急得躺在地上打滚。幸亏范弥胡穿着高科技秘境探险服，才安然无恙，但也把他吓得不轻，再也不敢乱说话了。

"这些都是人类美誉本尊驾的传说。"火龙尊驾说，"事实上，本尊驾和小乌乌一样，都生活在仙女星系华夏星球，以自己的方式守护着各个时空秘境。"

尽管没能找到三足乌，可秘境探险队无意中解救了火龙尊驾，他们倒也欣喜。他们继续沿着地洞向前走去，边走边聊。

"火龙尊驾，您是怎么被困在玉石里的？"肖小笑毕恭毕敬地问。

火龙尊驾对肖小笑的态度十分肯定，这才回答道："你们有所不知，自从小乌乌化为乌影之后，华夏星球就乱了套。小乌乌是华夏星球的鸟王，它一失踪，那些鸟娃娃、鸟宝宝、鸟兵鸟将、鸟子鸟孙们，全都没了领袖，成了乌合之众，群鸟无首。每天叽叽喳喳，吵得本尊驾头都大了……"

"那个词叫'群龙无首'。"范弥胡说。

"什么，你敢说我没有头？"火龙瞪了范弥胡一眼，幸好没再发作，"小乌乌没了倒也没什么，但它在华夏秘境里是太阳的化身。自从它消失以后，各个时空都不见了阳光，此后阴雨不断。再这么下去，那可会出大乱子的！"

"为什么？"肖小笑问。

"你们想，咳——地球上的万物都依赖太阳为终极能源。咳咳——如果一直见不到太阳，岂不是很可怕？咳咳咳——这场大雨已经下了那么久，很快就会引发大水，我们必须尽快解救小乌乌，让太阳重新升起，才能还天下太平！咳咳咳咳——"

火龙又咳嗽了一阵子，火光把原本漆黑的洞穴照亮。

"为了给鸟儿们一个安慰，也为了拯救华夏秘境，本尊驾不远万里从仙女星系赶到地球，专门寻找小乌乌。可一个不小心，被坏人暗算，被封印了起来。"

"什么坏人胆敢封禁火龙尊驾!"田田气愤地说。

火龙尊驾对田田的态度大加赞赏,又说:"究竟是何人暗算本尊驾,就连本尊驾自己也没看清。总之,那是一个可怕的敌人。"

就在三个少年陪着火龙尊驾聊天的时候,时空蚩尤一直拎着战斧走在最前面。范弥胡指着他的背影说:"是他吗?"

"小尤尤?他哪里有那么大的能耐!"火龙尊驾对时空蚩尤嗤之以鼻,"哼,它就算使尽全身本领,也动不了本尊驾的一根寒毛!"

火龙尊驾把时空蚩尤说得一钱不值,肖小笑真担心他们会打起来。幸好时空蚩尤装作没听见一样,继续向前为大家开路。

范弥胡说:"除了时空蚩尤,还有谁?它是头号的大坏蛋!"

没想到,听了这番话,火龙尊驾却说:"孩子,时空蚩尤或许算不上好,但也不是十恶不赦的坏蛋,你们可以放心地跟他联手。"

肖小笑、范弥胡和田田都没听懂这句话,时空蚩尤明明给华夏秘境带来了这么多灾难,为什么火龙尊驾却说他不算坏人呢?他们刚要仔细问问,面前却出现一团白光,出口到了!

地洞的出口隐藏在太湖岸边的一堆山石中。白天已经到来,可世界依然笼罩在阴暗之中,天上下着瓢泼大雨。太湖的湖水涨了老高,已经淹没了岸边,生长在岸边的许多柳树都被大水淹了。

"糟了,大水比我预计的来得还要快!"火龙说。

"那该怎么办,火龙尊驾?"肖小笑着急地问。

"我可以施展一些法力,先稳住这边的情况。而你们,要跟时空蚩尤一起,继续寻找小乌乌。只有找到它,才能让太阳重新在天际现身!"火龙说完,又重重地咳嗽了几声,身体微弓,腾空而起。一飞到天上,它的体形就开始变大、变淡,最终消失在了云里。天空中隐隐传来它的咳嗽声。

"咳咳咳——"

不一会儿,大雨逐渐变小,最终停了。

"嘿,雨真的停了!"范弥胡惊喜起来,"红泥鳅还真有两下子!"

"大胆,无礼!"天空中隐隐传来火龙的怒斥声,"你们记住,我的法力支撑不了多久,你们要抓紧时机,尽快找到小乌乌,让太阳重新现身!"

小小考古学家

文物名称： 玉龙

出 土 地： 良渚后头山遗址

文物介绍： 整器为圆环形，外侧面浮雕出一个龙头，眼、鼻、耳凸出，形象生动，整体造型构成首尾相衔的完整的龙形象。

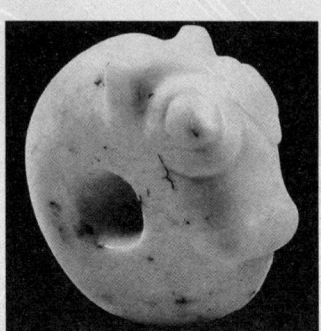

专家的考古猜想： 良渚龙是中华龙的一个主要源头，随着历史的发展而不断被历代承袭演化，逐渐形成了今天我们熟悉的龙的形象。

肖小笑的考古猜想： 这是我见过的最萌的龙了！良渚人把这种玉龙佩戴在身上，就像我们今天捧着毛绒玩具一样。这是我们中国人独有的浪漫！

我的考古猜想： _____

_____

竹林间的良渚村落

告别火龙尊驾之后,秘境探险队一刻也不敢耽搁,火速赶往玉鸟雷达上显示的下一个地点。

他们行进在一片茂密的竹林间,头顶的竹叶都已经被雨水洗刷得碧绿无比,地面上许多笋芽破土而出,一幅生机勃勃的景象。看到了竹子,时空蚩尤又想起了爱吃竹子的食铁兽,他忍不住念叨起来:"要是能找回食铁兽,我就带它来这片竹林中,好好消遣消遣!"

说着,时空蚩尤在竹林里奔跑起来,黝黑的身影在一片翠绿中若隐若现。

他顽皮的样子,就像一个淘气的孩子。

肖小笑、范弥胡和田田以前总把时空蚩尤想象成一个恶魔,可现在看来,他也有天真、可爱的一面。此时他们又想起火龙的话,不由得思考:这时空蚩尤究竟是怎样的一个家伙呢?

他头脑简单,四肢发达。或许,他特别单纯,像个小孩子一样,喜爱各种财宝,总是想尽办法去搜集;喜爱自己的宠物,总是满足食铁兽的各种需求。在现实中,这种人也有许多,他们听不进什么大道理,眼中只有自己的世界,常常也会因为追求自己的兴趣而伤害到别人,却不是故意的。

时空蚩尤会不会也是这样?

三个少年一边思索,一边继续跟随玉鸟雷达的指示向前走。

蓦地,眼前绿色的光影猛然开阔,竹林间出现了一大片空地。定睛一瞧,这是一片新石器时代的原始村落!

村落中心是一座座用木头和泥巴搭建的圆形屋舍,屋顶覆盖着厚厚的茅草,还在往下滴水。四周的空地上湿漉漉的,随处摆放着陶罐、木架和各种工具。许多身穿兽皮、树叶的人正在忙碌着,在一处火坑旁,妇女们用陶罐煮着采集来的野菜和狩猎得来的兽肉,空气中弥漫着泥土和烟火的气息。而男人们则扛着自制的石斧和骨箭,准备出发去森林中狩猎或是去河边捕鱼。

"封印玉石就在这里。"肖小笑看着玉鸟雷达说。他不禁担心起来:这些人会允许我们进入村落吗?

三个少年小心翼翼地走近。一个孩子发现了他们,发出尖利的叫喊。接着,一群人从屋舍里钻出来,有的手持石矛,有的肩扛石斧,转眼间就将三个少年围在中央。

这些人将他们上上下下打量了一番,问道:"你们是从北方来的吗?"

"我们不是坏人!"肖小笑忙解释,"我们是来求助的,我们想来寻找一块会说话的玉器。"

"他们又是来抢夺玉器的!"其中一个人惊叫道。

"你们知道上一个来抢玉器的人的下场吗？"他们追问道。

肖小笑摇了摇头，田田却看见旁边有个被打得浑身是伤的人，她尖叫起来。

"不错，所有来抢夺玉器的人，都是这个下场！"

三个少年被这些人抓住，眼看就要被捆绑起来。这时候，一个黑影从竹林里跳了出来，时空蚩尤来了！

肖小笑从没像现在这样盼着见到时空蚩尤，他大喊起来："时空蚩尤，救命！"

"把他们放开！"时空蚩尤抡起战斧，大喊道。

本来，肖小笑担心时空蚩尤会对这群人大打出手。可没想到，这些人见到了时空蚩尤，先是一愣，然后纷纷扔掉武器，跪倒在地，磕起头来。

"哼，怕了吧？我们家二黑子厉害吧！"田田说道。

不过，这些人看起来并不是因为害怕而缴械投降，而是把时空蚩尤当成了神明，顶礼膜拜起来。看到这个架势，就连时空蚩尤自己也不知所措，举着斧子愣在原地嘿嘿傻笑。

结果人们一哄而上，抬胳膊的抬胳膊，抬腿的抬腿，把时空蚩尤高高架起来，朝着村落中央走去。

既然时空蚩尤受到这些人如此的礼遇，他的同伴自然也不会被视为敌人。肖小笑、范弥胡和田田也顺理成章地被以礼相待,请到了村落中央。

范弥胡嘟囔起来:"嘿,这些人真是有眼无珠,竟然把时空蚩尤当成他们的神!"

田田也说:"真想不到,二黑子还有这等来头!"

肖小笑想起火龙在离开前说的话,看来,时空蚩尤真的不像他们以前理解的那样,是个不折不扣的大坏蛋。可这究竟是怎么回事呢?肖小笑思来想去,忽然,他回想起一件事来。

"你们还记得我们在山洞里的发现吗?在那些玉器和岩壁上,有很多半人半兽的神像,长得特别像时空蚩尤骑着食铁兽的样子。莫非,时空蚩尤真的是他们的神明?"

这么一说,范弥胡和田田也都回想起来了。

"哎呀,当时我还以为那是时空蚩尤自己刻出来的。"

"你们瞧,山洞里的那些神像,这个地方也有!"

他们环顾四周,发现在这片村落的许多石头上、陶器上,也都刻画着半人半兽的神像。

时空蚩尤端坐在一张石椅上,头上插满了羽毛,面前摆满了贡品,还真的跟神像上的样子一模一样。

一个像首领一样的人赶了过来,对时空蚩尤边参拜边说:"尊敬的神明呀,您屈尊大驾降临此地,有什么事尽管

吩咐！"

时空蚩尤眼珠一转，问道："你们这里有没有一件会说话的玉器？"

"会说话的玉器？"人们面面相觑。

"或者，会咳嗽的也行！"范弥胡忍不住插嘴说。

首领说："报告神明，会说话的玉器和会咳嗽的玉器都没有，但我们有一件会打呼噜的玉器！"

会打呼噜的玉器？肖小笑惊得大牙都要掉了。

"来人，把玉琮王搬出来！"

在首领的指挥下，几个人把一件硕大的玉器抬了出来。那是一件玉琮，四四方方的，看样子还挺沉。自从来到良渚秘境后，肖小笑见过许多件玉器，都小巧玲珑，其中有不少也是玉琮。这是一种方形的玉器，高矮不一，中间带着圆孔。田田说过，这代表着"天圆地方"的观念。

面前的这件玉琮却大极了，就像一块特大的砖头，怪不得那人说它是"玉琮王"呀。

玉琮王被摆放在一张石桌上，三个少年和时空蚩尤围着它仔细观瞧，发现这件玉琮不光体形硕大，周身还遍布着精密的图案。除了鸟的图案，玉琮王的四面还雕刻着许多神人兽面的图案，跟时空蚩尤长得像极了。

首领做了一个嘘声的动作，示意大家不要出声。肖小

笑竖起耳朵听，果然，玉琮王里传出了一阵奇怪的呼噜声。

"呼——呼——呼——"

那呼噜声时而高亢，时而低沉，时而急促，时而舒缓，有时似乎还带着含混不清的嘟囔声。范弥胡听了一会儿，扑哧一乐，说道："嘿，一定是瘸腿乌鸦，它在里面睡觉呢，不知道在做什么美梦！"

肖小笑却不认为这声音是三足乌。他转念一想：管它是不是三足乌，把它释放出来就知道了。

时空蛮尤开始解封了。他从石椅上跳下来，围着玉琮王转起圈来。和上次一样，他先是顺时针转了五圈，又逆时针转了五圈，口中念念有词。

一二三四五，
上山打老虎。
大网抓鳄鱼，
巨石砸小鹿。

得，还是那一套"儿歌"！

和上次一样，咒语刚刚念完，玉琮王的四周就腾起了一团白雾，比刚才要浓郁多了。白雾深处，打呼噜的声音更响了，显然有什么东西出来了！渐渐地，一个黑影显现出来，看样子这个家伙体形硕大。

"看起来,这一回出现的还不是三足乌陛下。"肖小笑遗憾地说。

"刚才是一只会咳嗽的龙,这一回,该不会是一头打呼噜的猪吧?"范弥胡粗声粗气地说。

"猪也不会这么大,没准是一只恐龙。"田田说。

白雾升腾,直至完全散去,三个少年终于看清了那是什么。一只硕大的熊猫正趴在地上呼呼大睡——竟是食铁兽!

见到了日思夜想的食铁兽,时空蚩尤不敢相信自己的眼睛。他揉揉眼,又重新睁开。没错,正是自己的宝贝食铁兽!

"食铁兽!我的宝贝食铁兽——我终于找到你啦,哈哈哈哈……我再也不要失去你了!你知道我有多想你吗?呜呜呜呜……"

时空蚩尤就像一个三岁的小孩子,一会儿笑,一会儿哭。食铁兽却还在呼呼大睡呢,就像一头长了黑白毛发的大懒猪,全然不知道发生了什么。过了好久,终于,它睁开迷茫的眼睛,奇怪地打量着眼前的一切。

时空蚩尤扑到食铁兽的身上,翻身骑了上去。从正面看,造型跟玉琮王上的神人兽面一模一样!

"走嘞,食铁兽,我带你去一个好地方——那边有一

大片竹林！里面有鲜嫩的竹叶、美味的竹笋……"

说着，时空蚩尤就要骑着食铁兽离开。

部落里的人纷纷让出了一条通路。

肖小笑急了，他上前一步，拽住时空蚩尤，说："任务还没完成，你要去哪里？"

时空蚩尤说："我想去哪儿就去哪儿！"

"你不能走，我们还要一起去解救三足乌陛下呢！"

"我为什么要解救那只乌鸦？它是我的死敌，救出了它，对我半点好处都没有！"

"可是，我们有约在先，我们联手了呀！"

"我已经找到了食铁兽，我们的联手到此为止！"时空蚩尤扬了扬手中的战斧，脸色大变，"看在你们帮我找回食铁兽的份儿上，我就放过你们。下一次再让我碰到，可别怪我不客气！"

食铁兽甩着肥肥胖胖的屁股，一扭一扭地走进竹林，黑白相间的身体逐渐消失在绿海之中。

"这下，我们该如何是好？"肖小笑望着两个同伴，一股酸酸的沮丧涌上心头。

小小考古学家

文物名称： 玉兽面纹琮（玉琮王）

出 土 地： 良渚反山遗址

文物介绍： 该玉琮是良渚遗址迄今出土的重量最大、纹饰最精美的玉琮，被称为"玉琮王"。其高8.9厘米，重6.5千克。器体呈矮方柱形，中心有圆孔，外表呈黄白色。共饰八组简化神人纹、十六组神鸟纹和八组完整神人纹，并点缀着云雷纹。

专家的考古猜想： 这是一件神圣崇高的玉制礼器，上面的神人纹代表良渚人的信仰。这件玉琮的制作技术高超，可谓神工鬼斧，是良渚玉器的瑰宝。

肖小笑的考古猜想： 玉琮的形状外方内圆，代表古人"天圆地方"的宇宙观。古人没有先进的工具，雕刻出这样精密的图案可能需要耗费一生的时间，这里面一定藏着秘密，说不定是通向另一个宇宙的密码！

我的考古猜想：_____
_____

水稻田寻宝记

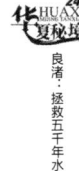

  肖小笑、范弥胡和田田失魂落魄地行走在泥泞的荒野中，一个个狼狈不堪。大雨虽然暂时停息了，可这里依然是一片泽国，地上到处都是泥水。黏湿的泥土紧紧吸附着他们的鞋底，每走一步都似乎要用尽全力，才能从大地的拥抱中挣脱。

  扑哧！范弥胡踩在一摊烂泥里，脚下一滑，跌倒在泥水里，顿时就变成了一个泥人。肖小笑和田田赶紧把他扶起来，他们的衣服上、手上、脸上也都沾满了泥。

  "哼，我说时空蚩尤信不过，你们偏不听！"范弥胡终于憋不住了，他大声抱怨起来，"现在完蛋了吧？人家找到了食铁兽，就撒手而去，不管我们了！"

  肖小笑的心头泛起一阵懊悔：是呀，时空蚩尤是他们的宿敌，只是临时联手而已，这下该怎么办呢？

  田田一直支持跟时空蚩尤联手，此刻心中还有些不甘，她说："不管怎么说，二黑子给了我们玉鸟雷达和秘境探险服，他走时又没收回去，我们自己来寻找三足鸟！"

  "可找到了三足鸟之后呢？"范弥胡气呼呼地说，"我们又不会咒语！"

  提起那像儿歌一般的咒语，肖小笑反倒如释重负。时空蚩尤会围着封印玉石左转五圈，右转五圈，然后念起："一二三四五，上山打老虎。大网抓鳄鱼，巨石砸小鹿。"

时空蚩尤的咒语，他早就记住了。

"不管怎么说，我们先按照原计划，找到封印玉石再说。"肖小笑说着掏出玉鸟雷达，寻找行进方向。

在告别了刚才的良渚村落后，他们就开始朝着下一个封印玉石的方位行进了。三个少年重新启程，一个个默不作声，各自心事重重。在穿过一片小树林之后，他们的眼前豁然开朗。这是一片开阔的农田，绿油油的庄稼整齐排列，被栽种在农田里。

"这里雨也太大了，把农田都淹了！"范弥胡惋惜地说，"再这么下去，庄稼就毁了！"

田田走近农田，用手捋了捋一株庄稼的叶子和穗粒，不禁莞尔一笑："范弥胡，我看'四体不勤，五谷不分'说的就是你。这是水稻，这种庄稼就是要生长在水田里的。"

"水稻？"范弥胡恍然大悟，"我最爱吃的大米饭，就是水稻种子做的。没想到呀没想到，五千年前的良渚先民就已经会栽种水稻了。"

"何止五千年！"田田说，"咱们中国是世界水稻的起源地，早在约一万年前，我们的祖先就已经掌握了种植水稻的技术。你知道吗？水稻原本是一种野生的植物，在十万年前就已经在长江下游地区分布。早期的人类在野外发现了水稻，就采集种子食用。后来，人类开始尝试驯化

野生水稻，约一万年前，驯化水稻登上历史舞台。"

"驯化水稻？"范弥胡稀奇地说，"我只听说过驯化狗、驯化猫，还没听说过植物也能被驯化的！嘿，让我看看水稻驯化得怎么样！"

说着，范弥胡捡起一块石头，抡起胳膊扔了老远，然后指着一株水稻说："去，把它捡回来！"

一阵风吹来，水稻叶子拍打了一下范弥胡的脸，仿佛在对他说："怎么把我当成狗啦！"

田田笑得腰都弯了，她说道："植物当然能驯化，可不是你这种驯化——原始人采集野生水稻的种子，集中种植，并不断改良水稻的品种，让它更好吃，这是驯化水稻呀。"

有了这么一段小插曲，秘境探险队刚才低落的气氛一扫而空，又重新愉悦、团结了起来。

田田又讲述了一些关于植物驯化的历史。范弥胡这才明白，不光水稻能驯化，我们日常生活中吃的各种粮食、蔬菜、瓜果，都是植物驯化的产物。田田还讲了一个特别有意思的故事：在一幅十七世纪文艺复兴时期的油画上，意大利画家乔瓦尼·斯坦奇画了许多水果，其中有一个切开的西瓜，瓜瓤竟然大部分是白色的，只是其中零星地镶嵌着一些粉红色的果肉，看起来并不怎么可口。田田觉得，那就是接近野生状态的西瓜，后来经过人们不断驯化，才出现了现在香甜的红瓤西瓜，甚至还培育出了无籽西瓜、黄瓤西瓜等新品种。

"你们知道吗？正是由于古代先民驯化了水稻等庄稼，他们就可以在家园附近种植粮食，再也不用颠沛流离、不停地迁移了。人类从狩猎采集迈向农耕文明，这是一大进步。直到今天，中国依然是一个农业大国。"田田对面前的良渚农田感慨道。

"可是，光吃粮食也不行呀，如果我想吃肉呢？那不还得去打猎？"

"也不用，人类一直在驯化其他物种。你们看，那里有一个猪圈，我们在刚才那个村落还看到了狗。这说明，在五千年前，良渚人已经将猪和狗成功驯化了。"

玉鸟雷达上的光点正指向稻田，肖小笑犯了难，在水汪汪的稻田中寻找封印玉石不是一件容易的事情。但不管怎么说，反正身上已经脏兮兮、湿漉漉的了，也不怕更脏、更湿。三个少年连裤腿、袖子都不卷，一个个跳下稻田，在泥水中寻找起来。

肖小笑找得腰酸腿疼，直起身子刚想喘一口气，一抬眼，却看见了一个熟悉的身影。时空蚩尤骑着食铁兽，正在水田边慢悠悠地溜达呢！

肖小笑的心头一热：时空蚩尤没有食言，他还是跟着

我们来了!

田田也看到了时空蚩尤,她开心地叫嚷起来:"二黑子,你果然没放弃我们!"

"我只是带着食铁兽消消食儿,路过而已,才不是来帮你们的!"时空蚩尤慢悠悠地说。话虽如此,他却一点儿也没有要走的意思,反而东张西望,侧耳倾听。

肖小笑、范弥胡和田田刚刚搜寻完一大片稻田,在一处田埂上碰头。他们商量了一番,正准备在左边的另一块稻田里搜寻,却听见啪的一声,一粒小石子落在了他们的右侧。肖小笑抬起头来张望,那粒小石子分明就是从时空蚩尤的方向扔来的,时空蚩尤却装作若无其事的样子。

时空蚩尤在为我们指引方向!肖小笑知道时空蚩尤听觉敏锐,他一定听到了什么动静。

三个人立刻变更方向,转向右边搜寻。

他们一边寻找,一边发觉不断有小石子落在周围,就顺着指示调整方向。肖小笑和田田都机灵得很,懂得跟着时空蚩尤的指引,范弥胡却始终没意识到这一点,他一会儿向左,一会儿向右,忙得团团转。最终,他一屁股坐在了稻田里。

"范弥胡,累了也不能往泥里坐呀!"田田故意调侃道。

范弥胡却愣住了,一个听上去疲惫不堪的声音从屁股下挤出来,钻进了他的耳朵:"喂,你是谁,怎么坐在了我身上?"

有东西!范弥胡乐了,他忙爬起来,伸手在刚才坐着的地方挖。肖小笑和田田吃惊地看着他撅着屁股、埋着头,在稻田里挖出了一团又一团淤泥。终于,范弥胡站起身来,蓬头垢面,手中抓着一个沾满了泥浆的石头,兴奋地叫嚷起来:"我找到啦!"

"大胆!无理!胆敢把我举起来!"

石头被他从淤泥下挖出来后,发出的声音大了很多。

范弥胡用稻田里的积水把石头涮洗了一番,它露出了真容。那是一个半圆形的玉片,上面镂刻着精美的花纹,圆心处还有一个半圆形的缺口。田田一下子就认了出来,这是一片玉璜,是一种玉制的佩饰。

"三足乌陛下,是您吗?"肖小笑对着玉璜呼喊起来。

"你们在找三足乌?唔……唔……"玉璜里传出了含混不清的声音,"是我,是我。唔……唔……除了本陛下,还能是谁呢?唔……唔……呜嘎嘎,呜嘎嘎……"

真的是三足乌!如果不是双脚陷在稻田的淤泥里,肖小笑、范弥胡和田田肯定会开心地跳起来。他们吃了那么多苦,一个个变得跟泥猴子似的,终于找到了封印三足乌的玉石。

"呜嘎嘎……我躺在烂泥堆里，等了你们那么久，你们才来！呜嘎嘎……你们可真狠心！"玉璜里的家伙又抱怨起来。

"三足乌陛下，别着急，我们这就把您放出来！"肖小笑说。

三个少年深一脚浅一脚地从稻田里走出来，身上还在不断往下滴着泥浆。他们围着还在田边待着的时空蚩尤。肖小笑说："时空蚩尤，请您念诵咒语，把三足乌陛下放出来吧！"

"对对，快把本陛下放出来！呜嘎嘎！"玉璜里也传出声音。

没想到，听了三足乌的请求，时空蚩尤却面若冰霜，它坚决地说："不，不行！"

"为什么？"

"因为……因为你们弄错了，这里面绝对不是三足乌！"

"它明明就是三足乌嘛！"肖小笑肯定地说。

三足乌的声音，肖小笑他们再熟悉不过了。那是一只自负、傲慢的乌鸦，喜欢自称"本陛下"，说话时还总带着"呜嘎嘎"的口头禅。除了三足乌，还有谁会用这种怪腔怪调说话呢？

时空蚩尤说他不是三足乌所以不能救，这越听越像是借口。

田田非常聪明，她想了一下，对时空蚩尤说："二黑子，我们向你保证，三足乌陛下出来后绝对不会伤害你的！"

"我会害怕那只破鸟？要是见到了它，我非要拔光它的毛，做成烧鸡吃不可！"时空蚩尤不服气地说，"但是，这里面绝对不是三足乌！"

"如果不是三足乌，那这里面会是什么呢？"范弥胡问道。

"那是一个可怕的恶魔！"时空蚩尤面色严肃，"它善于伪装，能模仿其他生物的声音。如果把它放出来，世界就会陷入灾难的！"

说着，时空蚩尤骑着食铁兽转身离去，任凭肖小笑怎么喊，他就是不回头，只抛下一句话："大暴雨、大洪水就要到来，我得赶紧找个地势高的地方，带着食铁兽躲一躲。"

虽然马上就要到中午了，但天空中乌云密布，天色看上去更暗了。显然，火龙尊驾坚持不了多久。

玉石里真的封印着一个伪装成三足乌的恶魔？三个少年都觉得这是一句借口，是时空蚩尤在搪塞他们。范弥胡叹了口气说："看来，时空蚩尤还是不愿意把三足乌陛下放出来。我还以为他转变了呢！"

"不管怎么说，二黑子已经帮助我们找到了封印玉石。"田田叹了口气，"我们该怎么办？"

肖小笑凝神片刻，用毅然的口吻说："我们自己念咒语，把三足乌陛下放出来！"

小小考古学家

文物名称： 炭化稻谷

出　土　地： 良渚莫角山遗址

文物介绍： 五千年前的稻谷实物。

　　专家的考古猜想：炭化稻谷的出现证明了良渚人已经掌握了稻作农业技术，农耕水平较高。

　　肖小笑的考古猜想：哇！稻谷经过好多年变黑了，但保存得很完好，这也是化石的一种吗？如果可以的话，真想知道几千年前的稻谷尝起来是什么味道！

　　我的考古猜想：_____

_____

_____

_____

水魔共工

在良渚稻田的附近,肖小笑、范弥胡和田田发现了另一个良渚村落。然而,它的地势较低,大半已经被水淹没,其他区域也到处都是淤泥。这里空无一人,可能已经逃难去了。

中午时分已到,三个少年都已经饥肠辘辘。他们先用水冲洗身上的泥,又在附近找到了稻米和火堆,便用陶罐做起了米饭。尽管工具粗糙、厨艺有限,米饭做得半生不熟,他们却仍然吃得很香。

"这可是五千年前的稻米!"田田大发感慨。

吃饱喝足之后,他们在这里找了块空地,把封印着三足乌的玉石端放在中央。肖小笑准备念咒语了!

他撸起袖子,双手握拳,伸到嘴边轻轻地啐了两声。他围着玉璜顺时针转了五圈,又逆时针转了五圈,然后念起咒语。

一二三四五,
上山打老虎。
大网没抓着,
巨石砸小鹿。

肖小笑哪里会念什么咒语!他只不过是学着时空蚩尤的样子罢了。这一套把戏,时空蚩尤已经演示过两遍,每一次都能成功解封玉石。他觉得自己依样画葫芦，就也能做到。

念完之后，肖小笑跳到一边，和范弥胡、田田并排站在一起。八只眼睛（范弥胡四只）齐刷刷盯着玉璜，期待着一阵白雾腾起，三足乌被释放出来。

然而，玉璜静悄悄地躺在那里，什么动静都没有。

"咦，我哪里念错了？"肖小笑挠着下巴说。

"咳，你念错了一处，不是大网没抓着，是大网抓鳄鱼。"范弥胡说，"还是让我来试试！"

说着，范弥胡也学着时空蚩尤的样子，左转五圈，右转五圈，又念了一遍。

一二三四五，
上山打老虎。
大网抓鳄鱼，
巨石砸小鹿。

玉璜纹丝不动，稳如泰山。

"还是让长得美的来试试吧！"田田说。

左转五圈，右转五圈，田田也念起了咒语。

一二三四五，

上山打老虎。
大网抓鳄鱼,
巨石砸小鹿。

玉璜依然如故,毫无变化。

"怪了!"田田说着,"依我看,这封印玉石可能有语音识别系统,只有时空蚩尤的声音才能开启它,也可能有人脸识别系统,长得太美的打不开!"

三个少年感到无奈,各自坐在一块石头上。

"呜嘎嘎,我说你们几个,到底能不能把本陛下放出来!"三足乌在封印玉石里叫嚷起来,"本陛下在里面闷得快发疯啦!"

"三足乌陛下,您别着急,我们正在想办法呢!"肖小笑安慰道。

"你们的办法要想到什么时候呀!呜嘎嘎!"三足乌嚷着。

"嘿,我说瘸腿乌鸦陛下,您老在玉石里安安稳稳地待着,要多悠闲有多悠闲,哪里像我们,又是转圈又是念咒的。"范弥胡嚷嚷起来。

"呜嘎嘎,你说得轻松,待在里面一点儿也不舒服!好吧好吧,本陛下就再忍一小会儿。"三足乌说。

听到这里,田田的眼睛里波光一闪。她说:"对了,你们还记得吗?时空蛊尤在念咒语之前,会堆起三块石头。"

"三块石头?"肖小笑和范弥胡仔细回想,并没有记得时空蛊尤摆弄过什么石头。田田却麻利得很,她起身飞跑起来:"走,我们到那边去找石头!"

肖小笑和范弥胡还没反应过来,只能跟着她。田田跑出了老远,回头看了一眼封印玉石,压低声音说:"我故意把你们叫到一旁来,是为了说一件事,我觉得有点儿怪。范弥胡,你刚才叫三足乌陛下'瘸腿乌鸦',可它一丁点儿都没生气,还接受了你的意见。这可不像三足乌陛下呀!"

"你的意思是?"肖小笑问。

田田说:"会不会真被时空蛊尤说中了,玉石里封印着的并不是三足乌陛下,而是别的什么东西?"

"言之有理。"肖小笑点点头。他也发现了一些不对劲的地方,封印玉石里的家伙说话虽然也带着"呜嘎嘎""本陛下"等词,可听起来总觉得像是装的。

"那我们该怎么办?"范弥胡问。

"我们回去再跟它聊聊天,看看能不能找到更多破绽。"肖小笑说。

于是,三个少年各自搬了一块石头,一起回到封印玉石旁,石头里的家伙正大声抗议呢。

"喂,你们找到石头没有?呜嘎嘎,要是再不把本陛下放出来,本陛下就要发飙啦!"

听到这句话,肖小笑故意问道:"咦,三足乌陛下,您的绝招不是发威吗?怎么变成'发飙'了?"

"呜嘎嘎,发威是发威,发飙是发飙。这是两种不同的绝招。呜嘎嘎,本陛下会的绝招多着呢,除了发威、发飙,还会发狂、发疯、发病、发神经……"

三个少年相互对视了一眼,这家伙显然是在强词夺理。

然而,这些证据都还不够,需要更有说服力的才行。田田心思机敏,她说道:"那当然啦,三足乌陛下是华夏星系的鸟王陛下嘛,自然法力无边,本领高强!"

三个少年都知道,三足乌来自仙女星系的华夏星球,田田故意说成了"华夏星系"。结果玉石里的家伙一点儿也没觉得不对劲儿,反而还附和起来。

"对对对,本陛下是来自华夏星系的鸟王!整个星系的鸟都归本陛下管!"

真相越来越清晰了,被封印在玉石里的,绝不是三足乌,而是一个伪装者!它究竟是谁?为什么要伪装成三足乌呢?肖小笑想不明白。但有一点他可以肯定:绝对不能轻易把它放出来!

就在这时,范弥胡忽然抱起封印玉石,拔腿就跑。

"范弥胡,你到哪儿去?"肖小笑大喊道。

"你们休想阻止我解封玉石!"范弥胡一回头,狠狠地说道。肖小笑和田田都吓了一跳,他们分明看见,范弥胡的眼睛变成了绿色。

"天哪,封印玉石里的妖怪不知道使了什么巫术,把范弥胡给控制了!"田田大叫。

"别太担心,范弥胡不知道解封玉石的方法。"肖小笑安慰田田。

"我们该怎么办?"

"我们必须赶紧找到时空蚩尤,向他求助!"

他们回想起来,时空蚩尤说他要带着食铁兽到地势高的地方,躲避即将到来的大水。此时,肖小笑和田田的眼前出现了一座巍峨的大山,它的峰峦如同大地的褶皱,一层叠着一层。高耸的山峰与天空中翻滚的乌云相触,在变幻的云海中若隐若现。

肖小笑和田田一起用力点头:"我们去爬那座山!"

就在二人一起奋力攀登大山的时候,范弥胡从他们身后的一块巨石后探出头来。他把封印玉石放在地上,托着腮冥思苦想。

"呜嘎嘎,本陛下总算知道了谁忠心耿耿,谁是叛臣逆子。等本陛下出来之后,要封你为大官!"封印玉石里

传出声音。

"什么大官?"范弥胡急切地问道。

"等本陛下夺得了天下,就封你做宰相!"玉石里的声音说。

范弥胡开心得不得了,却顾不上分辨那个声音已经完全变了味。

想到解封三足金乌,范弥胡差点忘记自己还有一样"法宝"。他伸出手指,轻轻弹了弹自己的眼镜架。

范弥胡戴着的智能眼镜,除了可以显示很多有用的信息,还具有拍摄功能。时空蚩尤两次念诵解封咒语的时候,范弥胡都目不转睛地注视着他,智能眼镜把整个过程全都录制了下来。除了转圈和念咒语,时空蚩尤还藏着别的什么关键动作?智能眼镜一定记录了下来。

范弥胡回放起那两段录像,看了一遍又一遍,还真有了发现——时空蚩尤在转圈和念咒语的时候,右手伸出食指,在空中比画着什么,像是在画一些符号!

会不会转圈和念咒语都不太重要,这些符号才是最关键的?

一定是!

范弥胡仔细观察起这些动作。他越来越觉得,这些符号像是一种古老的文字。范弥胡对原始文字一无所知,他决定求助于智能眼镜。

"在五千年前的良渚时期,存在文字吗?"范弥胡问道。

智能眼镜很快就给出了回答。

目前,甲骨文是公认的最古老、成系统的汉字,但从甲骨文系统的成熟度来看,它很可能起源于另一种文字。

在对良渚遗址的考古过程中,考古学家发现了几百个符号,它们刻录在陶器、石器、玉器上。它们究竟算不算真正意义上的文字,考古学界尚存在争议。但有些良渚符号已经具备了文字的特征,与甲骨文中的象形文字,甚至今天的某些汉字十分相似。

这番解释有些难懂,范弥胡心想:要是田田在该多好呀,她对原始文字颇有研究,肯定能帮他搞明白。不过,范弥胡还是获得了他想要得到的信息:时空蚩尤在空气中比画的,不管是文字还是符号,都是解封玉石的关键所在!

他仔细观察那些动作。

起初,时空蚩尤的动作都很简单。

在转第一圈的时候,时空蚩尤在空气中画了一横。

在转第二圈的时候,时空蚩尤在空气中画了两横。

在转第三圈的时候,时空蚩尤在空气中画了三横。

范弥胡一边观看,一边跟着模仿起来:一横、两横、三横。哎呀,这不就是"一、二、三"吗?

即便对历史了解不多的他,也能立即明白这些笔画的含义。

后面两个符号,笔画稍稍复杂了一些,但也没有多难。范弥胡把它们和前三个字排列在一起,立刻真相大白了。

"哈哈,这一定是一、二、三、四、五。"范弥胡说道。智能眼镜也给了他肯定的答案,这五个符号跟甲骨文中的"一、二、三、四、五"完全一致!

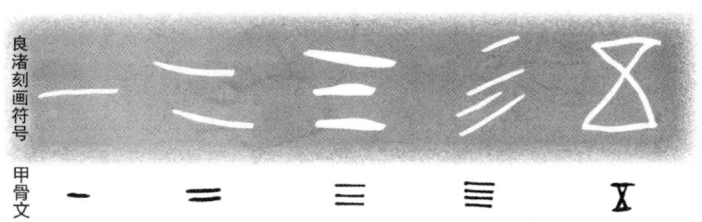

范弥胡得意极了:"看来,就算田田不在,我也能破解原始文字中的密码!"

然而接下来,范弥胡却碰到了钉子。后面的五个符号,笔画特别复杂。范弥胡看在眼里,就像一堆杂乱的野草,东一道、西一道,凌乱不堪,难以辨识。范弥胡启动了智能眼镜内的分析功能,把这五个符号记录了下来。

"这简直是小孩子乱涂乱画嘛!"范弥胡看得脑袋都大了,没有一点儿头绪。

忽然,他脑中一闪而过:哎呀,时空蚩尤可能记不得他该写哪些符号,所以他才念诵咒语,实际上是给自己一个提醒。"一二三四五"就是证明!照此推理,这五个符号的含义,也隐藏在他的那首"儿歌"里。

经过一番猜测,范弥胡从"儿歌"里提炼出了五个字。

虎、网、鳄、石、鹿。

一定就是它们!范弥胡笑了。

"呜嘎嘎,你磨磨蹭蹭地在干什么?找到办法把本陛下放出来了没有?"封印玉石里传出催促声。

"找到了!"范弥胡忙不迭答应着,他决定试一试。

范弥胡把这些符号都记在心里,然后,他学着时空蚩尤的样子,围绕封印玉石左转五圈,右转五圈,一边念着儿歌做提醒,一边用手在空气中比画着十个良渚刻画符号。

一、二、三、四、五。

虎、网、鳄、石、鹿。

就在他画完最后一笔的时候,封印玉石旁腾起了一团白雾。

"成功了!"范弥胡惊喜万分,他试探着叫道,"三足乌陛下,你出来了吗?瘸腿乌鸦,你在哪里?"

很快,他的脸上露出了惊恐的神情。

白雾里出现了一个可怕的身影,那是一个人面蛇身的怪物,身上遍布丑陋的鳞片,头上长着双角,一头红发格外扎眼。

"你不是三足乌陛下!你是谁?"范弥胡慌乱地问。

"谢谢你把我释放出来,我忠实的奴仆!"怪物的声音全变了,"我是水魔共工氏。我要大降暴雨,掀起大水,淹没整个世界!"

怪物舞动着巨蟒一般的身躯,飞向乌云密布的天空。随着一道明利的闪电划破苍穹,瓢泼大雨再次从天而降。

小小考古学家

文物名称： 良渚文物上的刻画符号

名称介绍： 在良渚出土的文物中，许多都附有刻画符号。有的依物赋形，如同甲骨文中的象形文字；有的包含了抽象的笔画组合，与现代汉字相似。

专家的考古猜想： <u>这些符号究竟是不是文字，考古学界还有争议。但这套符号系统明显有着特定的含义，在良渚人的信息记录和传播中起着重要作用。</u>

肖小笑的考古猜想： <u>有的像鸟，有的像虾，有的像鳄鱼，有的我也猜不出来……如果能破译这些符号，我们就能读懂良渚人留下的故事啦！</u>

我的考古猜想： _____
_____
_____

暴雨大遮山

当暴雨降临的时候,肖小笑和田田正在高山上攀爬。从天而降的大雨不光把他们从上到下浇透了,还在山间形成了一股股溪流、一道道瀑布,最终汇聚成浩大的洪流,沿着山体的裂缝和沟壑奔腾而下,发出轰然巨响。洪流所经之处,树木被连根拔起,巨石像皮球一样弹来弹去。

"糟糕,我们来不及爬到山顶了!"肖小笑大叫着。

更大的险情正在酝酿。平常看起来坚不可摧的大山,在暴雨的冲击下,高处的一大片山体发生了坍塌,巨量的山石、泥土翻滚而下,发出了震天的怒吼,如同一头被惊醒的巨兽,以雷霆万钧之势,向山脚下扑去。

"糟糕,是山体滑坡引发了泥石流!"田田叫道。

大地在颤抖,树木在悲鸣,山石在翻滚。褐色的泥石流夹杂着树木的残枝和泥土的腥气,一路咆哮着,向两个少年所在的位置奔腾而来。

肖小笑和田田甚至来不及抱住一棵树,就被泥石流卷走了。

"这下死定了!"肖小笑悲哀地想。他知道,在泥石流中,人生还的概率非常小。

他想伸手画时空圈逃命,可身体已经不听使唤,哪里还画得出来!

就在这九死一生的危急关头,一个魁梧的影子从天空中穿越而来,肖小笑只觉得自己被一只巨大的手掌救了起来。

"三足乌陛下!"肖小笑闭着眼睛大叫着。

"哼,是我!"耳边传来一个粗声粗气的声音。

是时空蚩尤!

肖小笑睁开眼睛,发现自己正趴在食铁兽的背上,田田也在他旁边。时空蚩尤刚才变成了巨人形态,将他们俩解救出来,现在正在缩小。三人一同骑在食铁兽身上,被它驮着向山顶奔去。

暴雨如注,在激烈的泥石流中,食铁兽却格外雄健。它早已不是那只懒散的熊猫,正嘴露獠牙,在山中跳跃飞奔。一会儿踏上一棵歪倒的大树,一会儿踏上一块巨大的山石。他们身后的那些大树和巨石纷纷松动,随着泥石流被冲下山谷。

终于,食铁兽来到山顶。一向不出声的它发出一声怒吼,在暴雨中回荡着,仿佛在证明自己是绝对的王者。

安全了!

尽管暴雨越来越大,肖小笑和田田却像捡了一条命似的,心有余悸又庆幸不已。肖小笑感激地望着时空蚩尤,不知道该说什么好。他从没有想过,这个交手过很多次的敌人、大坏蛋，竟然会在关键时刻救了他们。

"不用感谢我！"时空蚩尤狠狠地瞪了他一眼，没好气地说，"我只是在履行约定——在救出三足乌之前，我们依然是联盟。等到我们救出那只该死的乌鸦，看我怎么收拾你们！"

看起来，时空蚩尤帮助了他们却不想让肖小笑领情。肖小笑会心一笑，心中思忖：时空蚩尤究竟是怎样的存在呢？恐怕没法用单纯的好和坏来形容他。

"看起来，你们的同伴已经把水魔共工释放出来了。"时空蚩尤望着茫茫的雨幕，陷入了回忆，"共工是一个可怕的水魔，他拥有引发大水的力量。那是很久以前的事情了，为了将世界变成一片汪洋，共工曾经大降暴雨，给世界带来灾难。为了阻止他，我和三足乌联起手来，将他封印了起来。现在，共工解封，再次掀起了大水，用不了多久，整个良渚秘境就会被大水淹没。"

听了这段故事，肖小笑和田田都深感意外。田田说："二黑子，你还跟三足乌陛下联手过？我还以为你们是仇敌呢！"

"我们是相互瞧对方不顺眼。"时空蚩尤没好气地说。

肖小笑终于明白了，时空蚩尤的本质并不坏，可他的观念却跟三足乌不同。在主世界之外，飘荡着许多时空泡泡般的华夏秘境，各自面临着不同的危机。三足乌为了挽救危机而组建秘境探险队，而时空蚩尤则忙着在这些秘境消亡前，搜寻残存的宝藏，把它们搬运到九黎星球。

而水魔共工却完全不同，他大降暴雨，引发大水，要把良渚秘境完全淹没！

现在，水魔共工已被解封，只有解封三足乌，让它和时空蚩尤再度联手，才能打败共工！

时空蚩尤的鼻孔中呼呼地喷着粗气，目光深陷在雨幕中，仿佛又陷入了遥远的回忆。肖小笑感受到了时空蚩尤微妙的神态变化，一股潜流可能正在时空蚩尤的心中悄然涌动。

良久，时空蚩尤伸出粗糙的手指，指着前方山下说："这座山名叫大遮山，山下就是良渚古城和宫殿。如果我没猜错，最后一块封印玉石，就在良渚宫殿里。"

透过雨幕，放眼望去，一座四四方方的城池就立在山脚下。

果然，在玉鸟雷达上，最后一个光点正在那里闪烁。

"那是良渚古城的宫殿。"时空蚩尤说。

"该怎么下山呢？"田田犯了难，她打量起下山的路线。刚才在上山时，他们遭遇到了可怕的泥石流。俗话说上山容易下山难，现在暴雨比刚才更大了，恐怕他们插上翅膀也难以飞下去。

然而，眼下的景象却出乎田田的意料。这一侧的山体完整而坚挺，在暴雨的冲击下，树木葱郁，一棵也没有倒下；山石稳固，一块也没有滚落。沿着山体，从上到下筑有三道防水大坝，水坝前形成了三片广阔的湖面。看似不可一世的山洪倾泻而下，冲进湖水中就偃旗息鼓，化作一朵朵浪花，失去了威力。

"好坚固的水坝！"田田感慨起来。

在五千年前，良渚人手搬肩扛，竟然筑起了这样坚固的大坝，让田田佩服不已。

"看起来，我们下山要容易许多。"时空蚩尤说完催促食铁兽启程了。

黑云从四面八方汇聚而来，天空中密雷滚滚，暴雨滂沱，也在朝着良渚宫殿的方向涌去。那座承载着上千年历史的圣地，在暴雨面前显得格外脆弱。这座城池显然就是共工的进犯目标。

时空蚩尤把自己缩小到花生米那么大，藏在食铁兽的耳朵里躲雨。肖小笑和田田也都拉紧探险服的帽子和袖口，在暴雨中"急行军"。

"也不知道范弥胡怎么样了。"肖小笑一边赶路一边说。

"哼，那个家伙，胆敢放出水魔共工，闯下了滔天大祸。

等见到了他,看我不给他点儿教训!"田田虽然嘴上这么说,实际上也在担心范弥胡的安危,盼着能早点儿见到他。

这一程他们顺利极了,没有经历什么周折。肖小笑的心里忐忑不安:这么大的暴雨,良渚古城会不会已经被淹没了呢?

然而,当他们来到山下,却发现地面上并没有多少积水。良渚古城附近的排水系统真是太巧妙了!雨水刚刚落地,便如同被一只无形的手指引,迅速流向沟渠,沿着既定的路径急促地奔流,最终融入蜿蜒的河流之中。

"不知道古城里怎么样。"田田担心地说。

"你们看!"肖小笑指着良渚古城的一座水门说,"我在山上观察过,良渚古城虽然古老,却很特别。这座城池四周只有一个陆门,却有八个水门。水门不仅方便船只通行,还方便泄洪。"

田田抬眼一看,果真如此,那些水门正向外排泄洪水。她在山上也观察过,良渚古城城里城外,密布数不清的水道,它们交错纵横,形成了通畅的排水体系。即使从现代人的视角看,这些排水体系依然十分发达。看起来,良渚人没少在对付大水上下功夫。

"良渚古城真是一座水城!"田田感慨道。

食铁兽驮着三个少年和时空蛊尤,沿着城墙绕了小半圈，来到了陆门前。他们正准备进城，却看见城门打开，一群百姓涌了出来，一个个狼狈不堪。

"不好了，古城要被淹没了！"

"发大水啦！"

"快逃命呀！"

肖小笑拦住两个人，问道："你们为什么要逃？良渚古城不是看起来很坚固吗？"

一个人说："坚固，非常坚固！"

另一个人说："这暴雨再大十倍，也休想淹没良渚古城！"

"那你们为什么还要逃命呀？"田田问。

"因为，因为……"两个人一起手指着东方，面色惊恐。

肖小笑朝东方望去，却什么也没看到。

"你们到城头上去看看就明白啦！"那两个人一起逃跑了。

几个人一起抬眼，望向城头。他们看见一个少年，正手举一块布当旗子，在风雨中拼命挥舞着。少年一边挥舞，还一边大喊着什么，声音却淹没在风雨中，听不清。良渚人看到了那面旗子，个个惊恐万分，纷纷弃城而逃。

看起来，那面旗子是一道紧急信号，一定发生了比大暴雨更可怕的事情。

"那是良渚王子!"时空蚩尤看清了舞旗少年的模样。他内心焦急,驱使食铁兽冲进城池,又沿着台阶奔上城墙。

少年果然是良渚王子。奔波了一天一夜,他已经精疲力竭,却依然卖力地挥舞着旗子。

"发生了什么?"时空蚩尤急吼吼地问。

良渚王子见到时空蚩尤,先是大喜,却上气不接下气,什么也说不出来:"东边……东边……"

肖小笑、田田从食铁兽身上跳下来,跟时空蚩尤一起朝着东方眺望,他们看到了惊恐的一幕。东方完全是一片汪洋,巨浪滔天,大水如同脱缰的野马,从东方奔腾而至。

"我的天哪,那是大海的水!"田田的声音中带着难以掩饰的惊恐。

果真如此,东方的大海似乎在愤怒中苏醒,海水汹涌澎湃,一浪高过一浪,如同千军万马,气势汹汹地向陆地发起了猛烈的冲击。

"海……海侵!"良渚王子说出了两个字。

天哪,海侵!

肖小笑的头脑一阵眩晕。

在历史上,曾发生过很多次海面上升或地面下沉,造成海水覆盖陆地的事件,大地变成泽国,这就是海侵。从考古证据来看,华夏大地曾经在几千年前发生过严重的海侵，许多陆地都被淹没。

正是在良渚时代！

"怪不得在历史中，良渚文明突然消失了，原来是因为海侵造成的大水！"肖小笑惋惜地说。

田田想起来，在世界各地各民族的神话传说里，都有关于大水的传说：在西方神话中，天神宙斯决定要以大水结束青铜时代，诺亚建造方舟使得地球上的生命得以延续；在古巴比伦传说中，众神之王恩利尔要放出大水消灭人类，水神恩基多次挽救了人类；而在中国神话中，水魔共工与火神祝融大战而败后，恼羞成怒，一头撞断了撑天的柱子，使天河之水倾泻而下，淹没了世界，这就是"共工怒撞不周山"的故事，后来，又有了"女娲补天""大禹治水"的故事。

除此之外，希腊、印度、埃及等国家，还有美洲和非洲大陆……全都有自己的传说。这些传说，很可能是远古时期的人类对大水这一自然现象的解释。

更多良渚人收到了信号，从良渚古城蜂拥而出，纷纷逃离。

良渚王子这才缓缓放下旗帜，一边抚摸着酸痛的胳膊，一边说："来不及多说话了，我要带领大家出逃。"

"你们能逃到哪里去？"肖小笑担忧地问。

此刻,良渚王子与肖小笑目光对视。这是跨越了五千年的凝视,他们感受到了体内的血管里流淌着同一股血,却来不及问候寒暄,哪怕做个自我介绍。

"是啊,能逃到哪里呢?"良渚王子不知所措。

这个时候,时空蚩尤从食铁兽身上跳下,站在地面上,变得跟肖小笑、良渚王子一般高。

时空蚩尤走到肖小笑跟前,认真地说:"你们赶快进城,寻找封禁三足乌的玉石,只有它才能制止水魔共工!"

"那你呢?"

"海侵已经不可避免,良渚古城注定要被大水摧毁。我时空蚩尤虽然大的本事没有,却知道该往哪里逃——我会协助良渚王子,带领这里的居民转移到安全的地方!"

时空蚩尤嘱咐完,转身就骑在食铁兽身上。

"好!"良渚王子对时空蚩尤完全信任,他吹了一声口哨,一头梅花鹿跑了过来。良渚王子跨上梅花鹿,对时空蚩尤说:"你先带大家转移,我去宫殿里迎接父王!"

"二黑子,你要去哪里?"田田追问道。

"北方。"时空蚩尤说。

"北方?我们对那里并不熟悉!"良渚王子吃惊。

"不,我们跟他们,是同一个民族,是一家人!"

时空蚩尤的话掷地有声,压住了地上的暴雨声,压住了天上的雷鸣声，压住了远方的海啸声。

时空蚩尤扬起战斧，食铁兽咆哮一声，从城头上直接跳下，在一片水花中稳稳地落在地面上。

"良渚居民们，跟着我，我带你们去安全的地方！"时空蚩尤高声喊道。

大家纷纷望向时空蚩尤。

骑着食铁兽的时空蚩尤，跟良渚神徽上的形象一模一样。

"是良渚神！"

"良渚神来救我们了！"

"我们跟着你走！"

在时空蚩尤的带领下，良渚先民有了方向，大家蹚着水，朝着北方进发。他们的身影消失在了茫茫的雨幕中。

小小考古学家

文物名称： 良渚玉牌饰

出 土 地： 良渚瑶山遗址

文物介绍： 玉牌饰的整体轮廓像一只俯冲的鸟，正面用减地浅浮雕和阴线刻画相结合的手法，雕刻上部神人和下部兽面的纹样，背面有四组"牛鼻孔"。

专家的考古猜想： 这种神人兽面的图案在良渚玉器上反复出现，被称为"良渚神徽"，说明当时的良渚已经有了统一的信仰。

肖小笑的考古猜想： 良渚神徽的造型，多像时空蚩尤骑在食铁兽身上呀！上部的"神人"是时空蚩尤，下部的"大眼兽"像是食铁兽。良渚人崇拜的神，是否就是蚩尤呢？

我的考古猜想： _____

海侵良渚城

"最后一块封印玉石,就在这座宫殿里!"

登上一级级的台阶,肖小笑和田田的眼前出现了一片宏伟的宫殿,它位于良渚古城的中央区域,建在一大片长方形的夯土台上,这片夯土台被称为莫角山。肖小笑的心头肃然起敬:这可谓是中国最早的"紫禁城"!

良渚古城和莫角山宫殿,标志着良渚文明已经具备了国家的雏形。都说中华文明有着五千年的历史,而现在肖小笑和田田正站在五千年的开端!

可现在,良渚古城和宫殿正面临着海侵造成的大水危机,一片残败之景。

肖小笑和田田为良渚文明感到惋惜。

宫殿正门打开了,良渚国王骑着一头梅花鹿走了出来,旁边跟着良渚王子。他们一起冲肖小笑和田田点点头,就在护卫的簇拥下迅速撤离了。

肖小笑查看玉鸟雷达。

"最后一块封印玉石,就在宫殿里!"

"走,咱们进去看看!"

肖小笑和田田刚要进入宫殿,却看见一个人从门里走了出来,正是他们的同伴范弥胡!

"范弥胡!"肖小笑和田田喜出望外,激动地大喊起来。

范弥胡的脸色却一片铁青，他的手中捧着一块圆环形的玉器——玉璧。

"三足乌的封印玉石在我手里。"范弥胡说。

"范弥胡，太好了，真有你的！"田田兴奋地叫道，"你是怎么找到的？对了，你是怎么来到这里的呀？快点儿，我们一起念咒语，把三足乌陛下放出来！"

肖小笑站在一旁看着，觉得范弥胡有点儿不对劲。范弥胡的声音冰冷冷的，眼神也冰冷冷的，看着他俩就像看着两个陌生人。

"古人真是可笑，竟然会对一种石头如此钟爱。不仅把玉石塑造成各种形状，雕刻出各种图案，甚至还用它们形容人的品德。"范弥胡垂下眼皮，抚摸着他手中的玉璧，开始默念着妈妈曾说过的那些古语。

"君子无故，玉不去身。"

"君子比德于玉。"

"言念君子，温其如玉。"

……

忽然，范弥胡的眼皮一翻，眼睛里放射出两道绿光来："还有一句，不知道你们听说过没有——宁为玉碎，不为瓦全。"

田田还没有察觉到范弥胡的变化，她奇怪地说："宁为

玉碎,不为瓦全,这句话的意思是:宁愿做高贵的玉器而破碎,也不愿做低贱的瓦片得以保全,用来比喻人宁为正义事业而牺牲,也不苟且偷生——范弥胡,你突然说这个干什……"

田田的话音未落,肖小笑大声喊道:"田田,范弥胡被水魔共工控制了,咱们快把玉璧抢过来!"

然而已经迟了,范弥胡将手中的玉璧高高举起,狠狠地砸在地上。

"哗啦——"

玉璧被摔碎了,散落在地面上。

范弥胡仰天大笑,随后他转身而去,走回莫角山宫殿:"水魔共工会用大水洗涤这个世界,让我们迎接新世界的到来吧!"

肖小笑和田田都傻了眼。

"玉璧……"

"三足乌陛下……"

"封禁三足乌陛下的玉璧被摔碎了,我们该怎么办?"田田快要急哭了。

"事到如今,也只能死马当活马医了。"肖小笑说,"我们把碎片收集起来,拼在一起,念诵咒语试试。"

他们手忙脚乱,把玉璧的残片收集在一起。这可不容易，玉璧破碎成了几十片，大的大，小的小，散落得到处都是。肖小笑和田田费了好大一番功夫，才勉强将它们搜集齐全，又像玩拼图游戏一样，努力将碎片拼合在一起。

"这块应该放在这里。"

"不，应该拼在这里——你看它们的图案是连在一起的。"

"这里怎么还少了一块？"

"可能滚到别处去了，我去找找！"

就在他们努力复原玉璧的时候，海水已经涌到了良渚古城前，将这座城团团包围，马上就要顺着正门和水门灌入古城。在海侵面前，良渚古城的排水系统显得不堪一击，水位不断升高，幸好莫角山宫殿的地势较高，肖小笑和田田才暂时没有被大水波及。

然而，留给他们的时间不多了，大水将莫角山宫殿四面围困，海水散发着咸咸的腥味，翻滚着白色的浪花，即将发动致命一击。

玉璧终于拼成了！

眼看着大水已经快要淹没最后一级台阶，肖小笑来不及多想，开始尝试解封玉石。

时空虻尤在临走前，把解封玉石的要点告诉了他。肖小笑这才明白，根本不需要围着玉石来回转圈，也不需要念诵什么咒语。解封的关键是按照顺序比画出十个良渚符号。

时空蚩尤之所以故弄玄虚，一是为了掩饰秘密，二是因为他头脑简单，记不住那些复杂的符号的顺序，就编成了一首儿歌来辅助记忆。

肖小笑深吸一口气，伸出右手食指，在空中比画起来。

一、二、三、四、五。
虎、网、鳄、石、鹿。

每一笔，肖小笑都用了极大的力气。写完最后一笔，他的手臂已经酸痛发麻。

然而，玉璧什么动静也没有。没有白雾腾起，也没有三足乌出现。

"三足乌陛下！三足乌陛下！"田田对着玉璧呼唤起来。

"难道玉璧破碎了，就永远不能复活三足乌陛下了？"肖小笑绝望了。

就在这时，海水淹没了最后一级台阶，冲刷着宫殿的地面。玉璧的碎片被冲散了。

"不！"田田扑上去，试图抢救玉璧，却只抓到了一片。

海水滚滚而来，冲进了宫殿，水位飞涨。不一会儿，就淹到了肖小笑和田田的腰。

"我们失败了……"肖小笑失魂落魄地说。

"我们该怎么办？"田田也带着哭腔。

宫殿的正门被海水冲垮了，一扇巨大的木质门板漂在水上，就像一个木筏。肖小笑和田田一起游过去，爬上门板，不甘心地在汪洋中漂荡着。

"这里十分危险，我们赶紧去找范弥胡，带着他一起离开！"肖小笑用一根木棍当桨，划动着木板。

田田翻来覆去地看着手心里那块玉片，忽然，她发现了什么。

玉片上清晰地刻画着一个怪异的图案：在一座高台上，站着一只鸟儿。那鸟儿昂首挺胸，带着天然的威严与尊贵的气质，宛如三足乌。而高台之上，还有一个凌乱的图案，看起来像一轮光芒四射的太阳。

天空中，一道耀眼的闪电划过。

田田的内心一阵激动：哎呀，会不会——三足乌陛下并没有被封禁在那块玉璧中，会不会——这个图案才是解封三足乌陛下的关键所在！

轰隆隆的雷声响起，仿佛水魔共工吹响了发动最后进攻的冲锋号。

田田提高嗓门，担心雷声完全盖住自己的声音："肖小

笑,玉鸟雷达你还带着吗?"

"带着,怎么了?"肖小笑将玉鸟雷达从衣兜里掏了出来。

他和田田都惊住了,玉鸟雷达上不再显示任何光点——不,玉鸟全身都开始发光,正在一明一熄地闪烁着。

"看来封禁三足乌陛下的玉石,不是别的,就是这块玉鸟!"田田说。狂风一下子就把她的帽子吹掉了,暴雨立即打湿了她的头发,一缕一缕地贴在她的脸上。

"我现在就解封玉鸟!"肖小笑伸出手指,准备画良渚符号。

"等等,这样可能不行——我们还需要把玉鸟放在太阳高台上!"田田把手中的玉片亮给肖小笑看。

又一道闪电划过长空,照亮了碎片上的图案。

可是,图案上的高台究竟在哪里呢?

海水已经涨得老高,淹没了宫殿的茅草屋顶。肖小笑望着已经成为"水晶宫"的莫角山宫殿,苦苦思索。

这座宫殿,建在良渚古城的最高处——莫角山上。

莫角山实际上是一座用夯土堆成的高台……

此刻,一个炸雷响彻肖小笑耳边。

"我知道了。"肖小笑激动地说,"莫角山就是那座高台,我们只需要把玉鸟带到莫角山上,就能将它解封。"

"可是,莫角山已经被淹了,我们该怎么办?"田田急切地问。

肖小笑在木筏上站了起来,他将玉鸟紧紧地攥在手心里,对田田说:"我潜水下去,把玉鸟送到莫角山!"

密集的闪电在天空集结,映照得肖小笑的脸忽暗忽明。

"太危险!"田田急切地说。

"只能试试了!"说完,肖小笑猛地吞了一大口气,纵身一跃,一头扎进了水里。

海水在猛烈地翻滚着,肖小笑努力控制着身体,朝着水底潜去。

在水下,他快速游向莫角山,透过透明的海水,他看见在宫殿中央的广场上,刻画着一个类似太阳的图案——和玉片上的那个图案一模一样。

"就是这里!"肖小笑心想。为了方便记忆,他给那座广场起了个名字——太阳广场。

肖小笑朝着太阳广场游去。

一股汹涌的暗流袭来,让肖小笑偏离了方向,在水中扑腾起来。他不小心嘴巴一张,吞了一小口海水,苦咸苦咸的。

肖小笑赶紧浮上水面换气,在深深地吸了一口气之后,他重新下潜。

这一次,肖小笑有了数。在莫角山宫殿上方,涌动着一股暗流,形成了猛烈的水下漩涡,而太阳广场正位于漩涡中心。要想前往目的地,只有和这漩涡搏斗。

肖小笑顺着漩涡的方向游去,然后被强大的力量裹进漩涡中。他随着漩涡旋转,一圈又一圈,不断下降,也不断靠近漩涡中心。

越接近漩涡中心,旋转的速度就越快,肖小笑开始感到头晕目眩,眼前一阵一阵地发黑。缺氧的感觉也越来越强烈,肖小笑努力憋着气。

然而,他的忍耐已接近极限。

肖小笑的视野开始模糊不清,仿佛整个世界都在天旋地转,他已经无法分辨方向,无法分辨哪里才是太阳广场。最终,肖小笑眼前完全漆黑一片,他手一松,玉鸟从手心里滑落,被漩涡带走,消失在茫茫大水之中。

肖小笑已无力去寻找,他根本控制不住自己的身子,只能任由自己在旋涡中旋转。他的肺就要爆炸了似的,"咕咚",肖小笑猛吞了一小口海水,肺里立刻一阵刺痛感。他拼命憋住气,想要浮出水面,却也无力挣脱这凶猛的漩涡。

完了,完了!

肖小笑绝望地想。

"肖小笑!"

透过透明的水面,田田看见肖小笑在水里挣扎着,她吓得惊叫起来。肖小笑双脚乱蹬,双手乱舞,看来坚持不了多久了。

"肖小笑加油呀!我该怎么办,我该怎么办?"田田哭了起来,泪水又和雨水混在一起,流了一脸。

忽然,田田似乎看出了什么——肖小笑不像是因溺水而挣扎,他正伸出胳膊,在水里比画良渚符号。

他吃力地画着。

一、二、三、四、五。
虎、网、鳄、石、鹿。

当最后一笔完成时,田田惊愕地发现,水下的莫角山宫殿腾起了一束金色的光,似乎有什么东西从水里冲了上来。那束光跃出水面,掀起一道壮观的水花,又刺向天际,在空中划过一道优美的弧线。

一个威严、尊贵又熟悉的声音在天地间回荡着:"呜嘎嘎——"

是三足乌!

三足乌回来了!

它伸展着双翅,在乌云密布的天空中翱翔,每一片羽

毛都散发着金色的光。

玉鸟刚才从肖小笑的手中滑落之后，随着漩涡旋转下沉，落到了太阳广场的正中央。肖小笑在意识模糊之际，似乎听到了三足乌的声音："呜嘎嘎，快快解封本陛下！"

肖小笑努力伸出胳膊，在水里画着那些良渚符号。

他成功了！三足乌终于被释放出来了！

"呜嘎嘎——"

"呜嘎嘎——"

"呜——嘎——嘎——"

天空中回荡着三足乌兴奋的声音。

田田昂着头，乌黑的瞳仁中映着熠熠金光。

在乌云中，田田隐隐看到了一个青绿色的身影，那是水魔共工。三足乌那金色的身影冲进乌云，与水魔共工搏斗起来。

田田此时赶紧俯下身子，透过水面寻找肖小笑的身影。忽然，木筏附近泛起了一阵水花，两个脑袋探出了水面。肖小笑拖着范弥胡浮了上来。

看来，肖小笑安然无恙。三足乌复出后，将一股新鲜氧气注入了肖小笑的身体，将他从濒临窒息的状态中救了回来。肖小笑正要浮出水面时，却看见水中漂着一个胖胖的身影——范弥胡。

他努力抓住范弥胡，将他拖了上来。

在田田的帮助下，肖小笑把范弥胡送到木筏上。

范弥胡已经没了知觉，闭着眼睛，一动不动。

"范弥胡，快点儿醒来！"肖小笑大喊。

"范弥胡，你可不能离开我们！"田田哭着说。

肖小笑双手交叠，放在范弥胡的胸腔上努力按压。他用自己平时学习的人工呼吸的方法，帮助范弥胡恢复意识。然而，按压了几十次，范弥胡依然毫无反应。

头顶上，金色的辉光与蓝色的电光交织在一起，三足乌跟共工激烈战斗着。他们势均力敌，一时间难分胜负。

"可恶的三足乌，你战胜不了我，我要用大水统治这个世界！而你，会被再次封禁，就像乌云封禁太阳！"

共工咆哮着施展了一道封禁咒，化作一道闪电向三足乌直击而去。

三足乌来不及躲避，眼看着就要被闪电击中。关键时刻，一柄锋利的战斧打着旋儿飞来，在三足乌面前挡住了闪电。

战斧回旋，又沿来路飞回，一只巨大的手臂稳稳接住了它。时空蚩尤化身一名顶天立地的巨人，健步走来。

"三足乌，我们再度联手！"

蕴含了封禁咒的闪电飞了回去，共工猝不及防，被闪

电击中了。

"不——"共工撕心裂肺地叫着,他的身体在电光中不断缩小。时空蚩尤再次扔出战斧,战斧在空中打了个旋儿,正好接住了那道电光。

共工被封禁在战斧中。

"老对头,跟你合作真是太痛快啦!呜嘎嘎——"

三足乌的身体释放出金光。天空中,暴雨渐渐停息,乌云逐渐散去,金灿灿的太阳露出它那可爱的身姿。

木筏漂浮在辽阔的大水上,范弥胡吐出一摊水,剧烈咳嗽起来。他睁开迷茫的眼睛,瞳孔恢复了正常的颜色。他看了看肖小笑,又看了看田田,困惑地问:"发生了什么?"

"我们拯救了三足乌陛下。"田田微笑着说,眼角还挂着泪痕。

"也拯救了良渚秘境。"肖小笑顿了顿,认真地说,"这里,是华夏五千年文明的证明!"

"对不起,是我给良渚古城带来了灾难。"范弥胡望着破败之景,惭愧地说。

"良渚古城虽然被大水吞没了,但良渚人开始向北方转移。他们会把先进的文化带到更多地方,让文明四处发芽、开花。"肖小笑望着眼前景象,认真地说,"等到大水

退去，或许良渚古城已经被深深地埋在地下，不被人所知。但终究会有一天——五千年以后的某一天，良渚古城会再次被考古学家发掘。他们会发现一块块精美的玉器、一颗颗已经炭化的稻粒、还有一个个神秘的符号，它们都在向现代中国人解答一个重要的问题。"

"什么问题？"范弥胡问。

肖小笑嘴角上扬，形成了他那标志性的微笑。他口中吐出六个字。

"我们从哪里来？"

小小考古学家

文物名称："鸟立高台"刻符玉璧
出 土 地：良渚反山遗址
文物介绍：该玉璧玉质色泽斑驳，青、白、灰混杂，抛光十分精致。玉璧上阴刻一组"鸟立高台"符号，由立鸟、阶梯状高台和台内的纹饰组成。

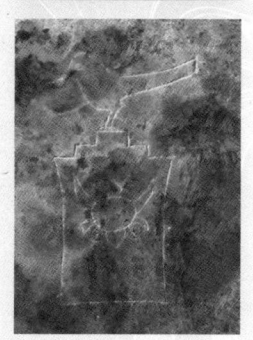

专家的考古猜想：玉琮、玉璧和玉钺是良渚文化中最重要的三类玉器。其中，玉璧用于祭天，玉琮用于礼地。神鸟站在祭祀台上，充当人与天沟通的使者。

肖小笑的考古猜想：我认为，玉璧象征着良渚人对太阳的崇拜。你瞧，玉璧圆圆的，恰似一轮太阳；高台上的图案，也像太阳正在光芒四射；而那只鸟，当然是三足乌，它是太阳的化身！

我的考古猜想：_____
_____

秘境申时 海侵良渚城

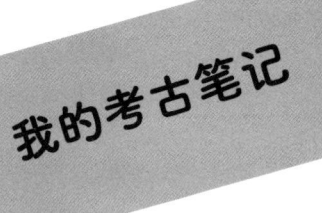
我的考古笔记

图书在版编目（CIP）数据

良渚：拯救五千年水城 / 潘亮著. -- 福州：福建科学技术出版社, 2025.5 (2025.7重印). -- (24小时华夏秘境探险).--ISBN 978-7-5335-7518-2

Ⅰ.K878.3-49

中国国家版本馆CIP数据核字第2025CY3178号

出 版 人	郭　武
责任编辑	李国渊　吴洁琼
文学助理	唐　瑞
插画设计	语　真
封面设计	潘云峰
责任美编	吴　可
责任校对	王　钦

良渚：拯救五千年水城

24小时华夏秘境探险

著　　者	潘　亮
出版发行	福建科学技术出版社
社　　址	福州市东水路76号（邮编350001）
网　　址	www.fjstp.com
经　　销	福建新华发行（集团）有限责任公司
印　　刷	福州德安彩色印刷有限公司
开　　本	890毫米×1240毫米　1/32
印　　张	5.25
字　　数	82千字
版　　次	2025年5月第1版
印　　次	2025年7月第3次印刷
书　　号	ISBN 978-7-5335-7518-2
定　　价	28.00元

书中如有印装质量问题，可直接向本社调换。
版权所有，翻印必究。